㈠　ふたつの本願寺

ごあいさつ

今からずいぶんと遠いことですが、晩年の宮崎圓遵先生が行信教校に出講されるときに、お送りしてお供をしたことが何度かありました。先生がポツリと話す「東西本願寺の歴史」とか、「真宗史の逸話」が心に残っています。また中央仏教学院に在職していたおかげで忘れられない先生に出会えました。勤式の平野直義先生です。本願寺の生き字引みたいな先生でした。私は先生と話をしていて、お話の逐一を忘れないようにメモをするようになりました。もう何十年も前の若い頃の思い出です。この二人の先生との出会いが、私の蘊蓄《うんちく》が詰まった備忘録のはじまりです。

先の『親鸞伝と本願寺俯瞰　東西本願寺のちがい』を読まれた勝願寺住職の舟谷幸男師から「東西本願寺のちがい」の諸点を教えていただきました。そのほか真宗大谷派の福岡県、三重県、東京都の未見の住職から「東西本願寺のちがい」について教えていただきました。また、中央佛教学院研究科で学んでいた行武弥生さんが、東本願寺の親鸞聖人御誕生八百年の慶讃法要のお手伝いをして知り得た「東西本願寺のちがい」をラインで伝えてくれました。そのおかげで私の備忘録の内容が充実してきました。古くから「東西本願寺のちがいは百ほどある」と聞いているのですが、その一々を記している本を読んだことがありません。多くの人から教えてもらった知識を拝借して、『東西本願寺120のちがい』にまとめました。本文中に本願寺への誤解を招きかねない表現をしているところがあります。これはお念仏の教えが教団と念仏者の生活の中心となることを願ってのことです。これをお読みになった方が誤解をされないことを願っております。

いつのまにか後期高齢者になりました。布教のお役に立てたいと、月参りのあいまに本書の構想を練っていました。本年三月に思いかけずに入院しました。その時にMRI検査で脳腫瘍が発症していることがわかり、翌月の四月に放射線手術をしてもらいました。幸いに摘出した腫瘍は良性でした。今は言語障害と半身不随もなく、元気に過ごしています。本書がどなたかのお役に立てば幸甚です。これについて、永田文昌堂社長の永田唯人さまには、新社屋落成のお忙しい時に、ご指導をいただき、ありがとうございました。

合　掌

二〇二四年

目次

(三) 雑 記 帳……六七

ふたつの本願寺

「ふたつの本願寺」がどうして存在しているのでしょうか。これからこのことについて、基礎から学んでいきます。

私たち念仏者が「ご本山」と敬っている本願寺を知るには、どうしても親鸞の末娘の覚信尼《かくしんに》と、覚信尼の孫の覚如《かくにょ》の名前を覚えておらねばなりません。覚信尼（王御前《おうごぜん》）は日野広綱《ひのひろつな》に嫁いだのですが、日野広綱は幼い光玉と覚恵《かくえ》を残して亡くなりました。そこで、覚信尼は高齢の父・親鸞の介護をするために、善法院《ぜんぽういん》（現在の角坊）に住むようになりました。親鸞没後に小野宮禅念《おのみやぜんねん》と再婚をして、唯善《ゆいぜん》を産んでいます。覚信尼は小野宮禅念の理解を得て、親鸞の墓所（大谷廟堂《おおたにびょうどう》）を建てました。これがのちに本願寺になりました。これが『御伝鈔』（『御絵伝』）の最後に描かれている大谷廟堂です。これがのちに本願寺になりました。

覚信尼が亡くなると、前夫・日野広綱との忘れ形見の覚恵が、大谷廟堂の管理を受け継ぎました。ここで「どうして唯善でなく、覚恵だったのか」の疑問が浮かぶのですが、その定かな理由はわかっていません。

大谷廟堂を管理していた覚恵が徳治二年（一三〇七）、三条朱雀で亡くなりました。それから大谷廟堂の継職をめぐって、異父兄弟の覚恵と唯善の骨肉の争いが始まりました。延慶二年（一三〇九）七月に、青蓮院の裁定によって大谷廟堂留守職《るすしき》は、覚如が継承することになりました。この裁定に納得いかない唯善は、大谷廟堂を徹底的に破壊し、御影像（親鸞の木像）と遺骨の一部を奪って、鎌倉へ逃亡しました。東国門徒はこの骨肉の争いにとことん嫌気がさし、大谷廟堂留守職の継承を覚如の血縁に限定することに嫌気がさしました。そういうことから無条件に覚如が留守職を就任するのを認めませんでした。覚如は留守職就任を前提とする屈辱的な十二か条の懇望状（同年七月二十六日付）を提出しています（『龍谷史壇』四九号）。延慶三年（一三一〇）、そこで東国への勧進と自身の留守職を承認してもらうために覚如は東国に赴きました。半年にわたる懇願の末、留守職の継職を承認されたので、大谷廟堂留守職を継承することができました。そして、延慶四年／応長元年（一三一一）、親鸞の五十回忌に大谷廟堂の御影像と御影堂の再建をしています。応長元年（一三一一）、覚如は大谷廟堂を墓地から寺院化しました。そして、その御堂を本願寺と名付けました。つまり、本願寺の名付け親が覚如なのです。そこで、寺院化した本願寺の住持職《じゅうじしょく》と別当職《べっとうしょく》を担いました。

これまで廟堂の本尊は帰命尽十方無碍光如来の十字名号でしたが、これを阿弥陀如来立像の本尊にしたいと同行に提案しましたが、反対にあって実現できませんでした。そこで従来の十字名号を本願寺の本尊としましたが、後に絵像本尊を安置しています。

覚如は本願寺の開基《かいき》住職と言わないで、自らを本願寺三代目と位置付けをしています。これにはどういう意図があるのでしょうか。それは覚如は「自分こそが親鸞の正当な継承者である」ことを周知してもらうために、三代伝持《さんだいでんじ》の血脈を言い出しました。源空（法然）の教えの精髄が親鸞に的伝し、親鸞の教えは孫の如信に正しく継承され、如信から覚如に親鸞の教えがまちがいなく伝わってきていると、三代にわたって浄土真宗の正義が伝わっているという覚如独自の主張です。覚如は自分を基点にして、曽祖師《そうそし》（源空）・祖師《そし》（親鸞）・先師《せんし》（如信）と言っていますが、これは自分こそが浄土真宗の法門を正しく継承している唯一無二の存在であると内外に告知したのです。延元《えんげん》二年（一三三七）の『改邪鈔《がいじゃしょう》』の奥書《おくがき》に、

> 右この抄は、祖師本願寺聖人　親鸞、先師大綱《おおあみ》如信法師に面授口決《めんじゅうくけつ》せるの正旨《しょうし》、報土得生《ほうどとくしょう》の最要なり。余、壮年の往日《おうじつ》、かたじけなくも三世　黒谷・本願寺・大網　伝持の血脈《けちみゃく》を従ひ受けて以降、とこしなへに蓄《たくわ》ふるところの二尊興説《にそんこうせつ》の目足《もくそく》なり。遠く宿生《しゅくじょう》の値遇《ちぐう》を測《はか》り、つらつら当来の開悟を憶《おも》ふに、仏恩の高大なることあたかも迷盧《めいろ》八万の嶺《いただき》に超え、師徳の深広《じんこう》なることほとんど滄溟《そうめい》三千の底に過ぎたり。ここに近くかつて祖師門葉《もんよう》の輩と号するなかに、師伝にあらざるの今案《こんあん》の自義を構《かま》へ、謬《あやま》りて権化《ごんげ》の清流《せいりゅう》を黷《けが》し、ほしいままに当教《とうきょう》と称してみづから失し他を誤らすと云々。はなはだしかるべからず。禁遏《きんあつ》せざるべからず。これによりて、かの邪幢《じゃどう》を砕きてその正灯《しょうとう》を挑《かか》げんがためにこれを録す。

と、「黒谷・本願寺・大網伝持之血脈を承け継いだ私」だと言っています。さらに如信から覚如に面授口決された浄土真宗の教えは、報土得生《ほうどとくしょう》の最要（阿弥陀仏の浄土にかな

らず往生できる大事な念仏の教え）だというよろこびを口にしています。この三代伝持の血脈が主張されたのは、覚如が六十二歳に著した『口伝鈔《くでんしょう》』（元弘元年　一三三一）に初めて出てきます。覚如は親鸞没後に誕生しているので、親鸞の曽孫といっても、覚信尼の子供の覚恵の子供なので、厳密には親鸞の正系とは言えないかもしれません。そこで言いだしたのが、三代伝持の血脈の主張なのです。「正統な念仏の教えは、法然から親鸞へ伝わり、親鸞から如信に口伝され、如信から私に伝えられた」と独自に覚如が主張したのです。親鸞の教えをまちがいなく継承していることを証明するためには、どうしても叔父の如信の存在が絶対不可欠でした。如信は善鸞の子供で、親鸞の孫です。如信については、ほとんどわかっていません。本願寺所蔵の如信寿像の裏書に、嘉禎元年（一二三五）の誕生とあるので、これから推察すると、如信は親鸞六十三歳のときに生まれた孫になります。覚如の弟子の乗専《じょうせん》が書いた『最須敬重絵詞《さいしゅきょうじゅうえのことば》』（真宗聖教全書三）に、

　面授の弟子おほかりし中に、奥州東山の如信上人と申人おはしましき、あながちに修学をたしな

まざれば、ひろく経典をうかゞはずといへども、出要をもとむるこゝろざしあさかざるゆへに、一すぢに聖人の教示を信仰するに他事なし、これによりて幼年の昔より長大にいたるまで、禅牀のあたりをはなれ、学窓の中にちかづき給ければ、自の望にて開示にあづかりたまふ事も時をえらばず、他のために説化し給ときも、その座にもれ給ことなかりければ、聞法の功もおほくつもり、能持の徳も人にこえ給けり、

と、如信に関する記事が少し記されているだけです。ここに如信は幼少期に親鸞の膝下で薫陶を受けて、成人するまで親鸞から浄土真宗の教えを口伝されていたことが伝えられています。弘安十年に、如信が奈良から御正忌報恩講に本願寺に参拝したときに、覚如は叔父の如信に面会できました。この時に「釈迦弥陀の教行を面受し、他力摂生の信証を口伝」（『慕帰絵詞』巻三）されたと記しています。如信が三代伝持の血脈に連なっているのは、このような事情があるからです。

浄土真宗本願寺派総合研究所の『浄土真宗総合研究』十号に、塚本一真の「『三代伝持の血脈』概観」という論文があります。これから三代伝持の血脈の意図がおよそ

理解できようかと思います。しかし、このことは、普賢晃壽の『中世真宗思想の展開』、梯實圓の「覚如教学の特色」（龍谷教学三十六号）や『聖典セミナー　口伝鈔』、重松明久の『覚如』などがすでに触れています。これらの著書は覚如の生きた時代背景を踏まえて三代伝持を論じています。梯實圓が、

『口伝鈔』全二十一章を通した覚如の主張は三代伝持の血脈を顕示することにあり、これによって①浄土異流の鎮西派や西山派に対して、親鸞聖人の法灯が法然聖人の正統であること、②親鸞聖人の直弟子の系譜を引く各地の教団に対して、如信・覚如と伝統してきた大谷本願寺が一宗の根本であること、③浄土真宗の教義の中核は信心正因・称名報恩であるということ、の三点を明らかにしようとしたものである。

と、覚如の三代伝持を主張する意思をわかりやすく説明しています。覚如が命名した本願寺は開基住職に曽祖父《そうそふ》の親鸞、本願寺二世に叔父の如信を据えて、自分は第三世本願寺住職と位置付けをして、自分こそが親鸞が伝えた念仏の教えを正しく継承している唯一無二の存在だと主張をしたのです。そういうことから、研修会では覚如の意

図をくんで、本願寺第三世住職と教えられ学んでいます。

さて、次に本願寺がどうして東西本願寺に分かれたのかについて説明をしておきます。本願寺がふたつに分立した端緒は、今の二〇二四年から四百五十四年前の元亀元年（一五七〇）に遡ります。織田信長が石山本願寺（第十世証如の時代に、本願寺は京都から大坂の石山に寺基を移した）に明け渡しを要求したのですが、時の宗主顕如はこの要求を拒絶しました。それから、およそ十年にわたり本願寺と織田信長がお互いを殺戮しあった悲しい歴史の始まりです。人々の安寧と平和を願っているはずの本願寺住職の顕如が、戦争のプロ集団の織田信長の兵隊と命の奪い合いをした痛ましい歴史です。本願寺を支え戦死した人たちのやりきれない無念が伝わってくるようです。戦場に繰り出された念仏者はどんな心情だったのでしょうか。頭ごなしに愛山護法と洗脳されて、戦いに送り出された人たちが何人いたことでしょうか。命をかけて本山本願寺を死守していた人たちについて、拙寺に番方講《ばんかたこう》の記録（石山戦争の記録）があります。これを読むと涙が出てきます。これは大昔の出来事だったと済ませて済む話なのでしょうか。

もし顕如が本当の念仏者・信仰者であったならば、立場をこえて命の大切さを実感していたならば、こんなバカな戦いは避けれたはずです。でも、それができませんでした。終わってから、今日まで長い時間があったのにもかかわらず、本願寺はこの戦いの無惨さと愚かさについての懺悔と反省をした様子は見当たりません。（明治維新以後の戦争をあげれば、日清戦争、義和団事件、日露戦争、満州事変、日中全面戦争、太平洋戦争などがあります。多くの戦争を日本は行っていますが、本願寺教団の対応は、本願寺教団あげて戦争に協力しました。日清戦争は日本と清との朝鮮の支配をめぐる戦争でしたが、日本国内の総力をあげての対外戦争でした。本願寺教団では日本の清への宣戦布告に先立ち、明如（大谷光尊）が「忠君愛国の精神を尽くしさふらふ様、門末一同へ懇諭方、予め協議致し可置事（『明如上人日記抄　後編』五一三頁　本願寺室内部編刊）」と直達を出し、また派遣される兵士の「過半は我門徒にして、平素愛撫し給ふ信者なり」（佐々木恵璋編『日清交戦の光』三三頁）と、軍隊慰問を清に在留している門徒訪問のために、本願寺僧侶に朝鮮への出張を申し付けています。このように戦時対応の準備を進めてきた本願寺教団は、宣戦布告後には執行長の島地黙雷の名前で戦時奉公の事務を統括するための臨時部を設置し、戦争協力を本格化しています。加えて、明如や新門の鏡如（大谷光瑞）は各地の別院や軍の駐屯地などに赴き、兵士たちの慰問や帰敬式を行っています。

本願寺教団は、その後も戦争の拡大や深刻化にしたがって、戦争協力をなお一層進めてきました。そのなかで天皇へ擂《す》りよりした出来事がありました。昭和十四年（一九三九）九月十六日に、「聖徳太子奉安様式」を定めて達示が出されたのです。これは別院や各寺院の内陣に安置している聖徳太子の御影を、本尊に向かって右余間に奉懸するように通達されたのです。そして、七高僧の御影は本尊に向かって左余間に奉懸するように通達されました。理由は簡単です。皇室につらなる聖徳太子の御影を上座にするべきだとの判断からでした。今までの念仏者の心と歴史は何だったのでしょうか。この通達は天皇中心の国体への忠誠心を進んで示した教団のすがたの露呈です。さらに本願寺の愚行は昭和十五年（一九四〇）に、十三項目の「聖教の拝読ならびに引用の心得」を教団内に配布したことです。これは宗祖の著書などのなかで、天皇や日本の国体に抵触する文言を不拝読あるいは読み替えするように指示をしています。本願寺教団は教えでも形でも国家の戦争に協力というより従属したのです。ここまでなると親鸞の教え、浄土真宗の教えは戦争を支持し、戦争に協力するものになったといえます。

このことは戦時教学研究会編『戦時教学と真宗』におさめる赤松徹眞の「戦時下の西本願寺教団」を一読してみてください。また、信楽俊麿の「真宗における聖典削除問題」をお読みください。近年は『真宗聖教全書』五の戦争協力を呼びかけた門主の消息が削除されたと聞いています。この恥ずべき悲しい歴史を隠蔽するのでなく、「なぜこうなったのかと思慮し、親鸞の意思をより求めて真の念仏者になろう」と反省できないのでしょうか。もはや教えも行も証もない白法の時代になってきているのでありましょうか）この戦いの終結を見据えて、「戦いの決着がつくまで戦いを続けていくか、あるいは今戦いをやめて和議にもち込むか」について話合いがもたれました。顕如と意見が激しくぶつかり合いました。教如と顕如の意見が対立した理由に、

(1)蓮如以来の聖地を信長に渡すこと。
(2)信長の表裏別心を恐れたこと。
(3)東の武田信玄と西の毛利元就の和解なくして、本願寺だけが信長と和平を結ぶことは不当だと思っていた。

という三点があったと指摘されています。このことについて、教如の苦しい心中を綴っ

た「本願寺文書」（一九七六年、千葉乗隆・北西弘編）が残っています。

急度取向候、今度当寺信長と無事相とゝのをり、しかれば天下和談のすぢに候はゞ、連々入魂さい国東国一味に調られ、猶そのうへにても当寺あんおんに候てこそ無事にてはあるべき事候、結句当寺を彼方へ相わたし退出候はゞ、表裏は眼前候、さやうに候ときは、数世聖人の御座ところを、かの物共の馬のひづめにかけしはてんこと、あまりにあまりにくちおしく歎入候、さいか衆・寺内の輩も、数年の籠城かたがたにくたびれ、すでにつゞきたき事もちろんながら、なにとて今一たび可成ほど当寺あひかゝへ、聖人の御座所にて可相果かくごに候、然ば御門主にたゐし申、自余の私曲をかまへ申儀ゆめゆめ無之候、たゞひとへに当寺無退転仏法相続候やうにとおもひたち候計候、各同心候はゞ、仏法再興とありがたかるべく候、老若ともにたのみ入候、猶左衛門大夫・太郎次郎可演説候、穴賢

後三月十三日　　教如（花押）

了順

平大夫

源三大夫
左衛門大夫
太郎次郎

雑賀惣中

という記事です。じっくりと読んでみると、教如の心中がこの文面によく表れていま
す。結局、織田信長に本願寺を明け渡すことで和睦しました。その直後に「無残二日
一夜、明三日までに皆々焼了」（「多聞院日記」、国立国会図書館デジタルコレクション）と記
録があるように、石山本願寺の坊舎は悉く焼失しました。蓮如が明応五年に坊舎をか
まえて八十五年、永禄八年の両堂建立から十六年経ったのですが、ここで石山本願寺
は灰燼に帰しました。石山本願寺の焼失後も顕如と教如の父子の溝は、なかなか埋ま
りませんでした。

しかし、天正十年六月二日に織田信長が明智光秀に殺害された本能寺の変を契機に、
顕如と教如親子は和解をしました。顕如は「任叡慮之旨、六月廿六日御和平（「鷺森日記」）

とし、この日に教如は「御所様可為御掟次第、北御方様之儀同前、毛頭私曲表裏不可有之（「本願寺文書」）」と誓いました。顕如が文禄元年（一五九二）に逝去したので、嫡子の教如が本願寺を継職しました。ところが、顕如の妻・如春尼《にょしゅんに》（教如の母）が顕如から准如（理光院《りこういん》）への大谷廟堂留守職譲状《おおたにびょうどうるすしきゆずりじょう》（※大谷廟堂留守職譲状を託された者が次代の本願寺宗主になる決まりがあり、後継者は誰かを決定づけるとても大事な証状です。本願寺歴代住職には前門主（宗主）からの大谷廟堂留守職譲状が託されています）があると言い出しました。このことがきっかけになり事態が急変しました。そこで、本願寺の継職問題は容易に決着しませんでした。仲裁に入った豊臣秀吉は、

十年間は本願寺住持を踏襲し、十年後に准如に留守職を譲ること。元来は自身宛ての譲り状をもたないから即時離職するべきであるが、今日まで准如を扶助した恩返しである。なお十年後に離職して不安に思うならば、無役に三千石を給与する。

と、教如に破格の提案をして事を収めようとしました。豊臣秀吉の権勢と母の如春尼を忖度《そんたく》した教如は、すみやかにこの提示を承諾しました。ところが教如に仕えていた

坊官の下間頼廉がこの譲り状に疑問があると言い出しました。このことが豊臣秀吉に伝わって秀吉の不興をかい、秀吉は即時に教如に隠居をするように命じました。それから三十日後に、教如は本堂の北の屋形に移る羽目になりました。世の人は教如を裏方と称しました。ところが、教如を慕う多くの僧俗は本寺参詣のついでに教如を訪ねたり、あるいは直々に参詣する者がでてきました。のちには裏方が住む処に御堂・広間・玄関・台所が建ちました。(確認できていないのですが、聞いた話では、今は教如が本願寺第十二世を継職した痕跡は消えて、顕如から准如に順当に継職したように記録されているそうです)のちに豊臣秀吉は京都の現在地に十万余坪の広大な土地を寄進していますが、これが現在の西本願寺です。

そして、時が流れました。慶長三年八月、豊臣秀吉の死後、徳川家康は勢力を伸ばしました。時勢を読み取ることに敏捷な教如は、徳川家康・秀忠に急接近しています。これを徳川家康がすこぶる歓待しました。慶長五年六月に徳川家康は長尾景勝追討に関東に兵を出しました。この時、教如は近江佐和山城の石田治部少輔三成の阻止がありましたが、徳川家康の陣中見舞いのために、関東に下向して徳川家康に謁見をしています。准如も徳川家康の陣地に見舞いに伺おうとしたのですが、石田三成の阻止に応じて、途中の三河岡崎から帰京しました。この後、石田三成の謀反によって世に名高い関ケ原合戦となりました。この合戦の前後に准如を誹謗した十七箇条の訴状が、徳川家康のもとに届いています。徳川家康の心中は准如を快く思っていなかったので、徳川家康の入洛に際して、教如は九月二十日に近江大津で徳川家康を出迎えて面謁できましたが、准如はついに対面できませんでした。准如は徳川家康が不快に思っている諸事に憂慮して、浅野紀伊守に嘱して徳川家康の重臣の本多佐渡守正純に弁解を試みました。また、本願寺蔵の霜月十一日付け柳原殿宛てた准如の書状に、尾張の徳川義直の母相応院が、本願寺の西光寺祐従の養母の妹楊林の養女であるという関係をたどって弁解している苦慮の痕跡がみえます。権中納言山科言経《やましなときつね》の『言経卿記《ときつねきょうき》』（国立国会図書館デジタルコレクション）に、准如は容易に徳川家康に面会することができなかったようです。慶長五年十月二日下坂して徳川家康に謁見しようとしましたが、直ちにそれが叶わず、ようやく十一月十七・八日頃に面謁することができたと記しています。一方徳川家康は教如と交誼を重ねていたので、慶長六年八月十六日に自ら教如を訪ねています。徳川家康の教如への接近は、教如に寺地を寄進するまでに進展してきました。『真宗全書』五十六の『東本願寺系図』『翻迷集』などの真宗大谷派所伝に、慶長七年、伏見においての評定のおり、徳川家康は教如が嫡男であり、かつて難を廃して関東の徳川陣中見舞いをしたほどであるから、本願寺の住持にさせることを図ったとあります。この時に本多佐渡守正純が、「この仰せはありがたいが、本願寺はすでに秀吉によって表方（准如）と裏方（教如）に分立しているから、今更に表方を押し込めるは良策といえない」と言い、さらに、

太閤の取り立てに対せられ御宥免あそばされば、尤深重の御慈悲たるべし、教如上人の儀は、血脈相承の筋目といひ、殊に御忠節といひ、御当家御取立として再興仰付られば、両本願寺と有中に、血脈相承の根本を糾給を御仕置、諸人のおもはくも各別たるべき儀也………如此御仕置にては天下の御為にもよろしかるべく奉存。

（真宗大谷派『事書《ことがき》』）

と具陳したといいます。それで徳川家康は本多佐渡守の意見を聞き入れて、寺地を寄進することで収まったと伝えています。かくして徳川家康は所司代の板倉四郎右衛門勝重と加藤喜左衛門の両人に命じて、西本願寺のすぐ近くの烏丸六条と七条の間の四町四方の寺地を選定させて、教如に寄進しました。慶長七年のことです。慶長八年正月三日に、教如は群馬県前橋の妙安寺に安置していた親鸞の祖像（御真影様《ごしんねいさま》）をここに迎えました。五月七日に御堂を京都七条に移転するために取り壊し、六月八日に移転先の仮御堂にお移徒《わたまし》（浄土真宗にはお仏壇やお墓に魂を入れるという考えがありません。ご本尊を迎えて仏法に触れる新たな生活がはじまることを祝うめでたい法要）がありました。このように教如は徳川家康の庇護によって一寺を建立したのです。これが東本願寺のはじまりです。ここに本願寺が地理的に東と西に存在するようになりました。東西本願寺は親鸞から第十一世顕如まで同じ系譜ですが、第十二世から東西本願寺は別々の系譜となっています。何気なくいう西本願寺と東本願寺は立地関係から言っている通称で、両寺院の正式名称ではありません。まわりくどい説明でしたが、これで「どうして、ふたつの本願寺があるのか」が、おわかりになれるでしょう。

次に誰もが知っているようで、知らないことをお伝えしておきます。江戸初期の慶長七年から昭和六十二年までの三八五年の間、東西本願寺の正式な名称は共に同じ本願寺でした。東西本願寺の正式な名前はどちらも本願寺だったのです。ご存知でしたでしょうか。ところが、昭和六十二年（一九八七）十二月十四日に東本願寺は「宗教法人・本願寺」を解散しました。そして、「宗教法人・本願寺」は「宗教法人・真宗大谷派」に吸収合併されました。新たに正式名称を真宗本廟《しんしゅうほんびょう》と変えて、登録変更される手続きがなされました。今まで真宗大谷派の本山として活動していた宗教法人・本願寺がなくなってしまったのです。そうですから東本願寺は真宗本廟となってからは、宗教法人にもとづいている寺院ではないのです。御影堂や阿弥陀堂などは、真宗大谷派の付属施設となっています。でも今でも真宗本廟は一般に東本願寺とよばれています。その理由は西本願寺と区別するためだともいわれています。そうですから、単に本願寺と言うときは西本願寺を指していると思ってください。

㈡　東西本願寺120のちがい

東西本願寺120のちがい

東西本願寺が伝えている浄土真宗の教えは基本的には同じだと理解しておいてください。しかし、長い歴史のなかで仏具や作法等に大小のちがいがでてきました。順不同ですが、「東西本願寺のちがい」を備忘録から列記したのでご参照ください。

(1) 東西本願寺の正式名称

① 『法流故実条々秘録』(四の二)に、「当御本寺山号之事、古来種々沙汰有之事也、王城九重の内の寺々に山号は諸宗に無之事也、五山之中、万寿寺も九重之内なるによて山号無之、然は今の六条御本寺には山号之不可有也、昔山科に御座候時は、松林山と申たると申伝候、又古系図之内題に龍谷山本願寺とあり」と山号につい

ての記事があります。西本願寺の正式な名称は龍谷山本願寺《りゅうこくざんほんがんじ》です。ほとんどのお寺には山号と寺号があります。あなたは所属のお寺の山号と寺号を知っていますか。東本願寺の山号はいくら調べても不詳です。考えてみれば、それもそのはずです。昭和六十二年に東本願寺派は「宗教法人　本願寺」を解散しています。お寺の姿はあるのですが、東本願寺は一般の宗教法人の寺院とは違っています。注意しておかねばならないのは、厳密にはお寺でないのです。東本願寺の諸施設は、すべて真宗大谷派の真宗本廟に付随している施設と理解しておいてください。東本願寺の正式名称は真宗本廟《しんしゅうほんびょう》です。

②

西本願寺の住職は大谷家の子孫が世襲で就任しています。ところが、東本願寺は宗教法人でないので住職は存在していません。こう聞けば不思議に思われる人がいるかもしれません。その理由は昭和六十二年に「宗教法人　本願寺」を解散した東本願寺は、今までの法主《ほっす》・管長・本願寺住職が廃止され、門徒・同朋を代表する仏祖崇敬の任にあたる象徴的地位としての門首《もんしゅ》（従来は法主と呼称していましたが、昭和五十六年（一九八一）の宗憲改正で法主の名を廃止し、新たに門首《もんしゅ》と改称しました）がしているだけなのです。

③ 日本にたくさんある仏教は必ず宗派名があります。西本願寺の宗派名は浄土真宗《じょうどしんしゅう》本願寺派《ほんがんじは》で、東本願寺の宗派名は真宗大谷派《しんしゅうおおたには》です。浄土真宗本願寺派の西本願寺は唯一無二の本山ですが、東本願寺は「お東騒動」以後に四派に分立（(1)真宗本廟を本山とする真宗大谷派、(2)東京東本願寺を本山とする浄土真宗東本願寺派、(3)浄土真宗大谷本願寺派、(4)嵯峨本願寺を本山とする真宗東派の四派）しています。

④ ローマ字表記は西本願寺はHONGWANJIです。東本願寺のローマ字表記はHongan-jiです。世界遺産「古都京都の文化財」の登録はHongan-jiです。西本願寺はHongwan-jiの綴りをしています。

(1)　東西本願寺の正式名称

(2)　東西本願寺の組織

⑤　西本願寺は宗法《しゅうほう》（浄土真宗本願寺派宗門の最高法規）に則って、宗門の行事などのすべてを運営しています。東本願寺は宗憲《しゅうけん》（真宗大谷派宗門の最高法規）に則り、すべてを運営しています。

⑥　西本願寺の門主に総長の指名権があります。まず門主は教師資格のある僧侶から二〜三人を推薦します。そして、それらの人を宗会議員で総長を選挙してから、宗派の総長を決めています。ところが、東本願寺は門首に宗務総長の指名権はありません。そこで総長に立候補した人の中から宗務総長にふさわしい人を、宗議会で選挙して宗務総長を選んでいます。

⑦　西本願寺の運営は四権分立が原則です。すなわち原則として司法は監正局、立法は宗会、行政は総局、教学は勧学寮が担っています。東本願寺は三権分立です。

司法は審問院、立法は宗議会、行政は内局が担っています。かつては明治四十四年（一九一一）に親鸞聖人六五〇回大遠忌法要を機縁に設置された宗義の安心を審《しん》理《り》する機能をもつ侍董寮がありましたが、今は廃止されているそうです。

⑧　西本願寺の宗会は一院制ですが、東本願寺は宗議会と参議会の二院制で宗政を行っています。

⑨　西本願寺に会計をつかさどる主計制度がありませんが、東本願寺は主計制度があります。

⑩　西本願寺の別院・関係施設は、毎年または二年に一度の会計検査を実施しています。それには監正局会計監査担当（会計監査員と監事）が現地に出向して行っています。東本願寺の会計検査は毎年行っていないそうです。輪番・教務所長の交替があったときに会計検査を行っています。通常の会計処理は各教区に任命されて配属された主計が行っています。

⑪　西本願寺の年度替わりは四月ですが（会計年度は四月から三月です）、東本願寺の年

度替わりは七月です（会計年度は七月から六月です）。

⑫ 西本願寺の教団は本山本願寺、直轄寺院、直属寺院の別院と教堂、一般寺院で構成されています。東本願寺の教団は真宗本廟、別院、教会、寺院とで構成されています。

⑬ 寺院は教区《きょうく》、組《そ》、寺院で表記しています。西本願寺は教区、組は地名を用いて、寺院を表記しています。例えば滋賀教区愛知上組報恩寺と表記すれば、この寺院の所在場所がわかります。東本願寺の組は西本願寺と違って地域によっては数字で1組とか2組と表記して、その地域を表しているところがあるようです。

(3) 東西本願寺と大谷家

⑭ 東西本願寺は大谷家が世襲しています。今では聞くことがめったにありませんが、一般寺院の住職と差別して東西本願寺住職のみを猊下《げいか》、台下《だいか》というバカげた敬称を使ってすべての寺院の頂点に立つ人を表現していた時代がありました。御同朋御同行を標榜する教団でありながら、このような表現がまかり通っていた教団であったことが不思議です。もしも皇室で天皇陛下が出家することがあれば、法王猊下とお呼びするようになるのかもしれません。

⑮ 西本願寺の住職を門主《もんしゅ》（昭和二十二年（一九四七）十一月にGHQの公職追放にひっかかり、なんとか法主の座に踏みとどまっていました。が、GHQの風当たりが強く、宗門組織の近代化を求めるGHQの意向を背景に宗制改革が行われ、管長制の廃止、法主の呼称を廃止して門主と変えました）と言います。東本願寺は宗教法人を解散手続きしているので、住職は

いません。東本願寺は宗憲の改正以前は大谷家が管長、法主、住職の三位一体を世襲していたのですが、今は象徴門首《もんしゅ》として存在しています。同じ「もんしゅ」という発音なのですが、漢字が違っています。おもしろいですね。

⑯ 西本願寺で門主が帰敬式《ききょうしき》を行うときに限り、三緒袈裟《みつおげさ》を着用して行います。東本願寺での帰敬式は、門首が三緒袈裟ではなくて五条袈裟を着用して行っているそうです。

⑰ 西本願寺では、門主が地方別院とか寺院を視察して教示する行事をご巡教《じゅんきょう》といいます。東本願寺と興正寺ではご巡化《じゅんけ》といいます。

(4) 東西本願寺の御堂

⑱ 西本願寺の御影堂は堀川通りから向かって左（南）にあり、その右（北）に本堂の阿弥陀堂が建っています。東本願寺は烏丸通から向かって左（南）に阿弥陀堂があり、右（北）に御影堂が建っています。このように東西本願寺の両堂を見比べると建っている御堂の位置が真反対です。どんな理由があったのかわかりませんが、建っている位置が真反対なんておもしろいですね。

⑲ 西本願寺の阿弥陀堂の外陣の畳は、本尊に向かって横方向に敷くのが正式です。東本願寺の阿弥陀堂外陣の畳は、本尊に向かって縦方向に敷くのが正式です。この畳の敷き方も真反対です。おもしろいですね。どうしてこうなったのか理由はわかりません。全国の寺院の畳の敷き方は、本山の並べ方に準じて横か縦に敷いています。

⑳　西本願寺の御影堂の畳は横敷で九二七枚です。東本願寺の御影堂の畳は縦敷で九二七枚です。不思議と同数なのですね。

㉑　西本願寺の御影堂の柱は四角ですが、東本願寺の御影堂の柱は丸形です。

㉒　西本願寺の本堂の屋根は箪層です。東本願寺の本堂の屋根は多くは箪層ですが、本山の御影堂、名古屋別院、福井別院、金沢別院、大垣別院、難波別院などは重層です。

㉓　西本願寺の山門の屋根は箪層です。東本願寺の山門の屋根の多くは箪層ですが、本山、名古屋別院、井波別院、城端別院、赤羽別院、長浜別院、四日市別院などは重層です。

㉔　西本願寺は境内地入り口に目隠し塀が設けられていて、外から御真影様を拝することができません。東本願寺には目隠し塀がないので、開門、開扉であれば、外から御真影様を拝むことができます。

(5) 東西本願寺の寺紋

㉕ たまたまネットで読んだ千葉県松戸市の「天真寺通信」（二〇一四・八・二十九）に触発されて、東西本願寺の紋を調べてみました。西本願寺の紋について『法流故実条々秘録《ほうりゅうこじつじょうじょうひろく》』（『新編真宗全書』三十）に、

本願寺御家之御紋、根本ハ鶴丸也《つるまるなり》……証如上人ヨリ初メテ摂家ノ猶子《ゆうし》ト成給テヨリ、御家之八《や》ツ藤《ふじ》ニ改マリ候。

とあります。まず、明治二十四年、第二十一世明如に明治維新の功績に対して皇室定紋の菊衣紋の五条袈裟が下賜されて、これを教団の人々が特段に喜んだという恥ずかしい歴史があったことを特記しておきます。

西本願寺の御文章箱の右上の紋は「下《さが》り藤紋《ふじもん》」といい、左下の紋は「五七《ごしち》の桐《きり》紋《もん》」といいます。西本願寺が「下り藤紋」を使っているのは、第二十二世鏡如《きょうにょ》

（大谷光瑞《こうずい》）が大正天皇の貞明皇后姉の九條籌子《くじょうかずこ》と明治三十一年（一八九八）に結婚した時に、籌子さまが皇室副紋の「下り藤紋」を嫁入りに持参したことから始まりました。明治三十六年五月に鏡如の伝灯奉告法要が勤まり、その時に記念五条袈裟が制定されました。この記念五条袈裟に「下り藤紋」が初めて使われました。西本願寺の下り藤は「西六条下り藤紋」と通称されていますが、「九条家下り藤紋」は房の花がまるく、花と花との間の開きが広いので、「西六条下り藤紋」と異なっています。

また、第十一世顕如が十七歳の時の永禄《えいろく》二年（一五五九）に、本願寺に門跡寺院《もんぜきじいん》の勅許がありました。それから寺紋に五七《ごしち》の桐紋《きりもん》が使われだしました。それは本願寺が門跡寺院になり宮中との関係ができたので、皇室の副紋五七の桐紋の使用が許されて、本願寺が使用するようになったといわれます。知堂《ちどう》の五条袈裟は鶴丸紋《つるまるもん》（親鸞の生家・日野家の紋）を使用しています。

野村淳爾の「本願寺寺紋の変遷」（浄土真宗本願寺派総合研究所刊行の『浄土真宗総合研究』十号）を読んで、歴代門主の衣体の紋にちがいがあることを知りました。蓮如までは無紋の御衣体なのですが、次の実如の御衣体から鶴丸紋《つるまるもん》になっています。証如は八藤紋《はっとうもん》（※良如の時代に日野家家紋の鶴の丸紋から四つ藤紋に改めています。現在は八《や》つ藤《ふじ》（十六菊とか八藤紋《はっとう》）といっています）です。顕如は八藤紋と五七の桐紋を使用していました。准如は八藤紋と五七の桐紋の使用がみられます。良如は八藤紋を使用しています。寂如は五七の桐紋と菊花紋《きくかもん》（八藤紋）を使用しています。住如は五七の桐紋と菊花紋（八藤紋）を使用しています。湛如は五七の桐紋と菊花紋（八藤紋）を使用しています。法如は菊花紋（八藤紋）を使用しています。文如は菊花紋（八藤紋）です。本如は菊花紋（八藤紋）を使用しています。広如は五七の桐紋（八藤紋）を使用しています。明如は菊花紋を使用しています。鏡如以後から勝如・即如・専如の四代は下り藤紋を使用して、一般に流布しています。

東本願寺紋は親鸞が藤原家の出身ということで牡丹を使っています。東本願寺の紋は抱《だ》き牡丹紋《ぼたんもん》（八葉牡丹《はちようぼたん》）と八藤紋《はっとうもん》を使っています。鎌倉時世中期に成立した藤原氏嫡流の近衛家・一条家・九條家・鷹司家・二条家の公家五摂家《くげごせっけ》で、牡丹紋は近衛家《このえけ》と鷹司家《たかつかさけ》だけが使っています。東本願寺が抱き牡丹紋を使用しているのは、大正十三年（一九二四）五月三日に久邇宮智子《くにのみやさとこ》（香淳皇后の妹、昭和天皇の大叔母）と東本願寺法嗣大谷光暢（闡如《せんにょ》）が結婚したことから、皇室副紋の抱き牡丹の使用が始まりました。

また江戸時代の近衛家と東本願寺が姻戚関係を結んでいたからだとも聞いたことがあります。家紋は八藤紋です。これは親鸞の生家の日野家が藤原氏の支流だからです。興正寺は抱き牡丹の紋を正式に使っています。これは明治九年の独立のときに、鷹司家から抱き牡丹紋の使用を許可されたからだと聞いています。仏光寺は藤紋を使っており、真宗高田派は五七桐紋を正式に使っています。

下り藤と五七の桐紋（西）

八藤紋（上）と抱き牡丹紋（下）（東）

(6) 東西本願寺の荘厳

㉖ 西本願寺の通常の蝋燭は白蝋を使い、東本願寺の通常の蝋燭は朱蝋を使っています。

㉗ 西本願寺の土香炉は飾りのない無地のものを使用しています。東本願寺の土香炉は香炉全体に透かし模様を施したものを使用しています。土香炉の模様は牡丹唐草《ぼたんからくさ》を表しています。

㉘ 西本願寺は大鏧《だいきん》といいますが、東本願寺は経鏧《きょうきん》といいます。

㉙ 西本願寺の路念仏《じねんぶつ》の鏧《きん》は壱越鏧《いちこつきん》ですが、東本願寺は平鏧《ひらきん》です。

焼香炉（東）

焼香炉（西）

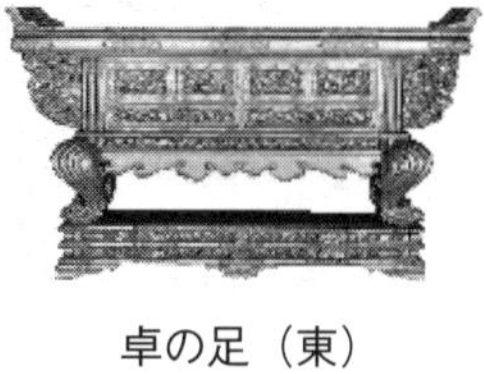
卓の足（東）

卓の足（西）

㉚ 西本願寺は引鏧《いんきん》といいますが、東本願寺は輪《れい》といいます。

㉛ 西本願寺では説相箱《せっそうばこ》、三衣箱《さんみばこ》、据箱《すえばこ》といいますが、東本願寺は数衣香爐箱《すえこうろばこ》といいます。

㉜ 西本願寺は仏飯《ぶっぱん》といいますが、東本願寺は仏供《ぶっく》といいます。

㉝ 西本願寺の卓《しょく》・前卓《まえじょく》・燈籠の足は猫足が内側に曲がっています。東本願寺は直線または猫足が外側に曲がっています。

㉞ 西本願寺は木瓜菖蒲《もっこうしょうぶ》とか六角菖蒲とよぶ菖蒲形を具足に使用しています。東本願寺は本山彫りとか丸鶴《まるづる》とよぶ形の具足を使用しています。

㉟ 西本願寺の阿弥陀堂の上卓は四具足《しぐそく》（華瓶《けびょう》二、火舎香炉《かしゃこうろ》一、燭台《しょくだい》二）です。東本願寺の上卓は三具足《みつぐそく》（華瓶二、火舎香炉一）です。

上卓の三具足（東）

上卓の四具足（西）

五具足（東）

五具足（西）

㊱　西本願寺の輪灯は菊の彫りがあり、油皿台は須弥山《しゅみせん》の傘を引っくり返すと菊の花を形どっています。東本願寺の輪灯は単純なデザインの丸蔓輪灯で、傘の上に瓔珞《ようらく》があります。なお、専修寺は桐輪灯、仏光寺は藤輪灯、興正寺は牡丹輪灯です。

㊲　西本願寺の御仏飯の形は蓮の蕾《つぼみ》を模した蓮蓄形《れんがんがた》です。東本願寺の御仏飯の形は蓮の実《み》を模した蓮実形《れんじつがた》です。

㊳　内陣の障子を閉めるとき、西本願寺は金箔の扉を外陣に向けます。ところが、東本願寺は西本願寺と真逆で、金箔の扉を内陣に向けて閉めます。

㊴　西本願寺の本尊の蓮台は青蓮華です（但し、大谷本廟の本尊は白蓮台です）。東本願寺の本尊の蓮台は白蓮華です。

㊵　西本願寺の七高僧は阿弥陀堂に三高僧二幅（一般寺院は一幅の掛軸ですが、西本願寺は貞享三年寂如の依頼で狩野洞雲《かのうどううん》が描いた龍樹・曇鸞・善導の三高僧の一幅がご本尊の右脇壇に奉懸されています。左脇壇は狩野養朴《かのうようぼく》が寂如に依頼されて貞享三年二月に天親・道綽・源信の三高僧を描いた一幅がご本尊の左脇壇に奉懸されています）と、南（左）余間に、第十七世法

如が宝暦十年三月に自ら描いた源空（法然）の一幅を奉懸しています。東本願寺の七高僧は各一幅ずつで奉懸しています。仏光寺の七高僧は各木仏だそうです。

㊶ 西本願寺は金燈籠を「かなどうろう」といい、猫足《ねこあし》になっています。東本願寺は「きんどうろう」と言い慣わして、蝶足《ちょうあし》になっています。

㊷ 西本願寺の鏧台《きんだい》は赤色の丸い形の布団を敷いています。東本願寺の鏧台は黒色の箱型でお輪《りん》を敷いています。

㊸ 拍子をとる棒状を西本願寺は節柝《せったく》といいます。東本願寺は音木《おんぎ》といいます。

㊹ 華瓶《けびょう》、香炉《こうろ》、蝋燭立《ろうそくたて》の仏具ですが、西本願寺は黒っぽい色合いの仏具を使っています。東本願寺は金色のものを使用しています。

㊺ 西本願寺の蝋燭立は銅に漆塗りの宣徳製の燭台です。東本願寺の蝋燭立は亀に乗った鶴が蓮軸《はすじく》をくわえている鶴亀燭台《つるかめしょくだい》を使用しています。

お鈴とお鈴の台

㊻西本願寺は丸形の宣徳製《せんとくせい》の外陣香炉《げじんこうろ》を使います。東本願寺は角形の真鍮製《しんちゅうせい》の外陣香炉を使っています。

㊼西本願寺は翠簾《みす》を使用しますが、東本願寺は翠簾を使いません。

㊽西本願寺は宮殿《くうでん》に華鬘《けまん》を使用していますが、東本願寺は宮殿に華鬘は使用していません。

㊾西本願寺の宮殿の屋根は一重の柿葺《こけらぶ》きの屋根で、大部分を金箔で押しているデザインです。東本願寺の宮殿の屋根は、二重の瓦屋根で黒い漆塗りのデザインです。

㊿西本願寺の宮殿の柱は金箔を押した柱の上に金色の錺金具《かざりかなぐ》を施しています。東本願寺の宮殿の柱は黒い漆塗りの柱に金色の錺金具を施しています。

51西本願寺の本尊はは後光《ごこう》の下に舟後光《ふなごこう》があるのですが、東本願寺の本尊には舟後光がありません。私は長い間、このことを知りませんでしたし、興味ももっていませんでした。興味のある方はお参りして確かめてみてください。

52絵像本尊の阿弥陀如来の頭上の角から角に伸びている後光の本数は、東本願寺は六本です。西本願寺の後光の本数は八本です。よって、絵像本尊の頭上の後光の全本数には二本の多少のちがいがあります。このことは物知りに聞くか、よくよく注意して見なければわからないことです。私はこのことを知って驚きました。興味のある人は両方の絵像本尊を比較しながら、後光の本数を数えてみてください。きっとうなずけるはずです。

㊿53 西本願寺の経卓の特徴は筆返しに丸みがついているデザインのものです。東本願寺の経卓の特徴は筆返しが角ばったデザインをしています。

54 西本願寺の仏壇の屋根は一重ですが、東本願寺の仏壇の屋根は二重です。

55 西本願寺のお輪《りん》を置く台は四角形ですが、東本願寺は六角形です。お輪を打つ棒を置く位置は、西本願寺は決まりがありません。東本願寺は

阿弥陀如来（東）

阿弥陀如来（西）

御絵像（東）

御絵像（西）

お輪の中に収めるように決まりがあります。

㊺ 西本願寺はお輪の下に輪布団《りんぶとん》を敷きます。東本願寺は雲輪《くもわ》という雲の彫り物が入った独自の仏具を用いています。

(7) 東西本願寺の衣体

57 西本願寺の衣体《えたい》ですが紋無しの色衣と、下り藤の紋が織り込まれている色衣があります。東本願寺衣体は紋無しで、無地の色衣を着けています。

58 西本願寺は袍裳《ほうも》を着用しませんが、東本願寺は袍裳を着用しています。

59 西本願寺は裳付《もつけ》を着用していませんが、裳付に替わるものとして黒衣、素絹《そけん》、色衣を着用しています。裳付と比べると襞《ひだ》の数が違っています。東本願寺は裳付を着用しています。

60 西本願寺では直綴《じきとつ》は着用しませんが、東本願寺は直綴を着用しています。

61 西本願寺は布袍《ふほう》といいますが、東本願寺は間衣《かんえ》といいます。

62 西本願寺は黒衣または素絹《そけん》を使っています。ただ黒衣には紋があるものと紋が無いものがあります。東本願寺は直綴を黒衣とよんで着用しています。

(63) 西本願寺の黒衣は裳附型《もつけかた》で石帯《せきたい》を使いますが、東本願寺の黒衣は直綴型《じきとつかた》で石帯は使用しません。

(64) 西本願寺は門徒式章《もんとしきしょう》といいますが、東本願寺は略肩衣《りゃくかたぎぬ》といいます。

(65) 西本願寺は表袴《ひょうこ》と差袴《さしこ》（指貫《さしぬき》・指子《さしこ》）は使用しません。東本願寺は表袴と差袴（差貫）を使用します。

(66) 西本願寺の七條袈裟の修多羅《しゅたら》は修多羅の紐で結ぶので長いままにしています。東本願寺の七條袈裟の修多羅は長い部分をエビ飾りに結んで、補助紐で結んでいます。

(67) 西本願寺は僧綱板《そうごういた》といいますが、東本願寺は僧綱襟《そうごうきん》といいます。

(68) 西本願寺は五条袈裟の小威儀《こいぎ》を引き結びにします。東本願寺は五条袈裟の小威儀を蝶々結びにしています。

西本願寺の五条袈裟

西本願寺の畳袈裟

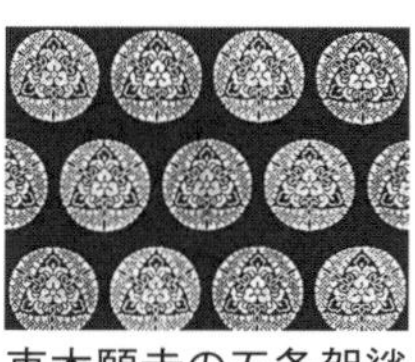
東本願寺の五条袈裟

西本願寺の畳袈裟

東本願寺の畳袈裟

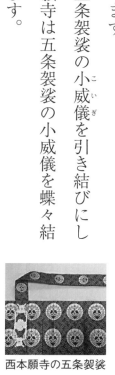

⑲ 西本願寺は切袴《きりばかま》といいますが、東本願寺は普通袴といっています。

⑳ 西本願寺は挿鞋《そうかい》を使用しませんが、東本願寺は挿鞋を使用しています。挿鞋は浅沓に似た木製の履物です。外側に錦が張ってあります。

㉑ 西本願寺は浅沓《あさぐつ》を使用していませんが、東本願寺は浅沓を使用しています。浅沓は公卿や殿上人が履いた浅い沓です。

(8) 東西本願寺のお勤め・作法

⑫ 西本願寺は念仏を「なもあみだぶつ」と発音しています。東本願寺は念仏を「なむあみだぶつ」発音しています。

⑬ 西本願寺と東本願寺とも男性の数珠の持ち方は同じです。西本願寺の女性は数珠を二重に巻いて合掌した両手に輪をかけて、房を小指の下に垂らします。ところが、東本願寺の女性は数珠を二重に巻いて、房を上にして合掌した両手にかけ、親指の左側に房を垂らすのが正式です。

大谷派（お東）

本願寺派（お西）

⑭ 西本願寺は「讃仏偈《さんぶつげ》」といっていますが、東本願寺は「嘆仏偈《たんぶつげ》」といいます。西本願寺は「重誓偈《じゅうせいげ》」といっていますが、東本願寺は「三誓偈《さんぜいげ》」といいます。西本願寺は「念仏正信偈《ねんぶつしょうしんげ》」といっていますが、東本願寺は「文類偈《もんるいげ》」といいます。

⑯ 西本願寺はお勤めに「四句念仏《しくねんぶつ》」「十二礼《じゅうにらい》」を使うことがありますが、東本願寺はお勤めに「四句念仏」「十二礼」は使いません。

⑯ 西本願寺の伽陀《かだ》は比較的になめらかな節回しです。東本願寺は少し複雑な節回しといわれています。

⑰ 西本願寺と東本願寺の「正信偈」のお勤めの節が少し違っています。西本願寺の「正信偈」は本山御正忌だけに勤める真譜《しんぷ》と、広く勤めている草譜《そうふ》と行譜《ぎょうふ》の節の三種類です。

東本願寺の「正信偈」は、①舌舌《ぜぜ》、②中読《ちゅうどく》、③真読《しんどく》、④中拍子《なかびょうし》、⑤草四句目下《そうしくめさげ》、⑥行四句目下《ぎょうしくめさげ》、⑦真四句目下《しんしくめさげ》、⑧句切《くぎり》、⑨句淘《くゆり》、⑩同朋奉讃《どうぼうほうさん》の十種類があります。

⑱ 西本願寺は坂東節の使用を廃止しています。記録では親鸞聖人三百五十回大遠忌（慶長十六年）と四百回大遠忌（寛文元年）のご満座に坂東節の念仏が勤まったとあります。これを寂如が元禄二年（一六八九）の御正忌報恩講から廃止して八句念仏《はっくねんぶつ》に改めたと、玄智の『大谷本願寺通紀』が伝えています。

東本願寺は毎年の御正忌報恩講に坂東節を勤めています。

(79) 西本願寺は概して「御文章《ごぶんしょう》」と言い慣わしていますが、東本願寺は「御文《おふみ》」と言い慣わしている方が多いようです。

(80) 西本願寺の登高座《とうこうざ》に塗香《ずこう》の作法があります。が、東本願寺の登高座に塗香の作法はありません。

(81) 西本願寺は登高座の前卓に巻経（三部経）を立てる台を置いているのですが、東本願寺は登高座の前卓《まえじょく》に巻経を入れる箱が置いてあります。

(82) 回畳《まわりじょう》の出退の作法にちがいがあります。西本願寺は回畳にひざまずき中啓を立て畳を反転して着座をする作法です。東本願寺は立ったまま畳に上がり反転して着座をする作法です。

登高座（東）

登高座（西）

(83) 西本願寺の正式な焼香は一回ですが、東本願寺の正式な焼香は二回です。

(84) 西本願寺のお勤めに門主が出座のときに侍僧がいますが、東本願寺の門首には侍僧がいません。

㉕ 西本願寺では門主が着座されるときに誰も裾を直しませんが、東本願寺では外陣のものは裾を直すのが通例です。

㉖ 西本願寺では本尊に合掌してから礼拝をします。東本願寺では合掌のみで礼拝はしません（ただ頭礼をするそうです）。（司会がある場合は「合掌をおときください」と案内があるそうです。おもしろいですね）

㉗ 西本願寺で上臈《じょうろう》といいますが、東本願寺では首座《しゅざ》といいます。

㉘ 西本願寺で末臈《ばつろう》といいますが、東本願寺では下臈《げろう》といいます。

㉙ 本願寺の内陣出勤は上臈からですが、東本願寺の内陣出仕には下臈と首座の両方があります。雅楽が入る法要の場合は下臈出仕だそうです。

㉚ 西本願寺の鏧《きん》は調声《ちょうしょう》が叩きますが、東本願寺の鏧は鏧役が叩きます。基本的に東本願寺は作法のなかで、調声は鏧を叩かないそうです。

㉛ 西本願寺の内陣出勤の着座のときに中啓は落としません。東本願寺の内陣出仕の

着座のときには、わざと音を立てて中啓を落とすそうです。

(92) 西本願寺では中啓を膝の前に置きます。東本願寺では中啓は体の右に置きます。

(93) 西本願寺の正座は衣の前は膝に巻いて座ります。東本願寺の正座は衣の前をはらって座ります。

(94) 西本願寺は揖拝《ゆうはい》をします。東本願寺に揖拝の作法はありません。

(95) 西本願寺では大きな法要には僧綱《そうごう》をつけます。東本願寺では僧綱をつけません。

(96) 西本願寺では声明《しょうみょう》の節を博士《はかせ》といいますが、東本願寺では淘《ゆり》といいます。淘には二淘、三淘、五三淘、五淘、八淘、十淘、十二淘があります。

(97) 西本願寺で登礼盤《とうらいばん》とか降礼盤《ごうらいばん》といいますが、東本願寺では登高座《とうこうざ》とか下高座《げこうざ》といいます。

(98) 西本願寺で「念仏正信偈」といいますが、東本願寺では「文類偈」といいます。

(99) 西本願寺で満日中《まんにっちゅう》といいますが、東本願寺では結願日中《けちがんにっちゅう》といいます。

(100) 西本願寺では内陣出勤《ないじんしゅっきん》といいますが、東本願寺は内陣出仕《ないじんしゅっし》といいます。

(101) 西本願寺は本山・直属寺院の内陣に出勤するときは内陣衣体《ないじんえたい》をつけます。東本願寺は内陣衣体に相当する衣がありません。

(102) 西本願寺の散華は華籠《けろう》から華葩《けは》を下に落とします。東本願寺の散華は華葩を上に放り上げます。

(103) 西本願寺のお仏飯は晨朝《じんちょう》のお勤め前に上供します。東本願寺のお仏供は晨朝のお勤めの後に行っています。

(104) 西本願寺では大きな法要のときに「〇〇〇〇作法」とよばれるお勤めが制定されます。例えば大師影供作法などです。東本願寺には「〇〇〇〇作法」とよべるお勤めはありません。主なお勤めは「正信偈」「文類偈」『浄土三部経』です。

(105) 西本願寺の晨朝は小五条袈裟とよぶ晨朝袈裟《じんちょうけさ》を使用しています。東本願寺の晨朝は青袈裟を使用します。

(9) その他

⑯ 西本願寺は教えのお取次ぎの講師を布教使《ふきょうし》（「如来のお心を伝える使い」という意味から このような言い方をしています）といい、決して布教師と書いたり言ったりしません。東本願寺は教導《きょうどう》といっています。

⑰ 西本願寺は太陽暦を採用しているので、宗祖の祥月命日は一月十六日です。東本願寺は太陰暦に準じているので宗祖の祥月命日は十一月二十八日です。

⑱ 西本願寺の御正忌報恩講は太陽暦（新暦）の一月九日の逮夜から十六日満日中まで勤めています。東本願寺は太陰暦（旧暦）に準じて十一月二十一日の逮夜から二十八日満日中まで勤めています。

⑲ 西本願寺は降誕会《ごうたんえ》を新暦五月二十一日（近年は二十日から二日間）勤めています。東

本願寺は旧暦に準じて四月一日に親鸞聖人御誕生会《ごたんじょうえ》を勤めています。親鸞の生年は著書の元号と年齢から逆算して算出できます。でも誕生日は何もわかっていません。親鸞没後四三八年も経った宝永《ほうえい》三年（一七〇〇）に、高田派の普門《ふもん》が『高田絵伝最要《たかだえでんさいよう》』に、「高倉院承安三癸巳四月朔日《みづのとみうづきさくじつ》」と唐突に示したのが誕生日の初出です。その根拠は順信《じゅんしん》の『下野縁起書《しもつけえんぎしょ》』にあるというのですが、それはいまだに未発見です。西本願寺の玄智《げんち》の『大谷本願寺通紀《おおたにほんがんじつうき》』と、東本願寺の慧旭《えぎょく》の『宗祖世録《しゅうそせろく》』が、どうした理由からかわかりませんが、四月一日の誕生説を採用しました。それからは旧暦四月一日、新暦五月二十一日が親鸞の誕生日と伝承されつづけています。

(110) 葬儀に使う位牌は、西本願寺は法名の両側に死亡年と月日を分けて書いています。東本願寺は法名の上に死亡年と月日を分けて書いています。

(111) 西本願寺の納骨場所は大谷本廟（五条坂）です。東本願寺は大谷祖廟（円山《まるやま》）です。

(112) 西本願寺と東本願寺は冥加金によって僧班《そうはん》の名称が異なっています。たとえば西本願寺僧班は頸座・親座・直座・特座・正座・上座・本座・列座という等級からなっています。

⑪⑬ 東本願寺は入位・満位・法師位・権律師・律師・権僧都・僧都・権大僧都・大僧都・権僧正・僧正・権大僧正・大僧正と等級が決まっています。

⑪⑭ 西本願寺はどの寺院も一般寺院と一律に申しています。東本願寺は由緒寺院と一般寺院というふうに寺格を公認しているみたいです。

⑪⑮ 西本願寺の得度は九歳以上で受講できますし、その研修期間は十日間です。東本願寺は九歳から僧侶の資格を得ることができ、期間は一泊二日です。

⑪⑯ 西本願寺の教師教習の期間は十一日間です。東本願寺の教師教練は前期と後期の二回、それぞれ七泊八日の研修を受けねばなりません。

⑪⑰ 西本願寺と東本願寺の原点は一つですが分立しました。一般で言うと西本願寺は本家にあたり、東本願寺は分家にあたりますが。

西本願寺の法名は男女ともに釈〇〇の三字です。

⑱東本願寺の男性の法名は釈○○の三文字、女性の法名は釈尼○○の四文字です。

⑲西本願寺は「お供え物」と書きます。東本願寺は「お備え物」と書きます。

⑳西本願寺の教勢は京都から西の方面に寺院、門徒数が多い傾向がみえます。東本願寺は京都から東の方面に寺院、門徒数が多いみたいです。

⑳西本願寺の葬儀は出棺勤行（帰三宝偈、短念仏、回向句（我世彼尊））の後にローソクを変えて、葬場勤行（三奉請、導師焼香、表白正信偈、短念仏、念仏、和讃、回向司（願以））を基本とします。東本願寺の葬儀は「葬儀式第一」「葬儀式第二」と二段階に分かれているのが特徴です。

(余)京都市は一九一二年に日本最初の一般営業用電気鉄道として開業しました。一九一八年に市内全面市営化を経て、一九七八年九月三十日に全廃止しました。烏丸通りの東本願寺の前だけが大きく弓なりにカーブしています。これは明治二十八年（一八九五）に日本初の路面電車の敷設のときに、京都市の当局は「烏丸通りも市電をまっすぐに走らせたい」意向でありましたが、東本願寺の智子裏方が昭和天皇の大叔母なので、その威光をおもんばかり曲げて市電を走らざるを得なかったといわれています。西本願寺前の堀川通りは南北にまっすぐ延びています。

お仏壇荘厳のちがい

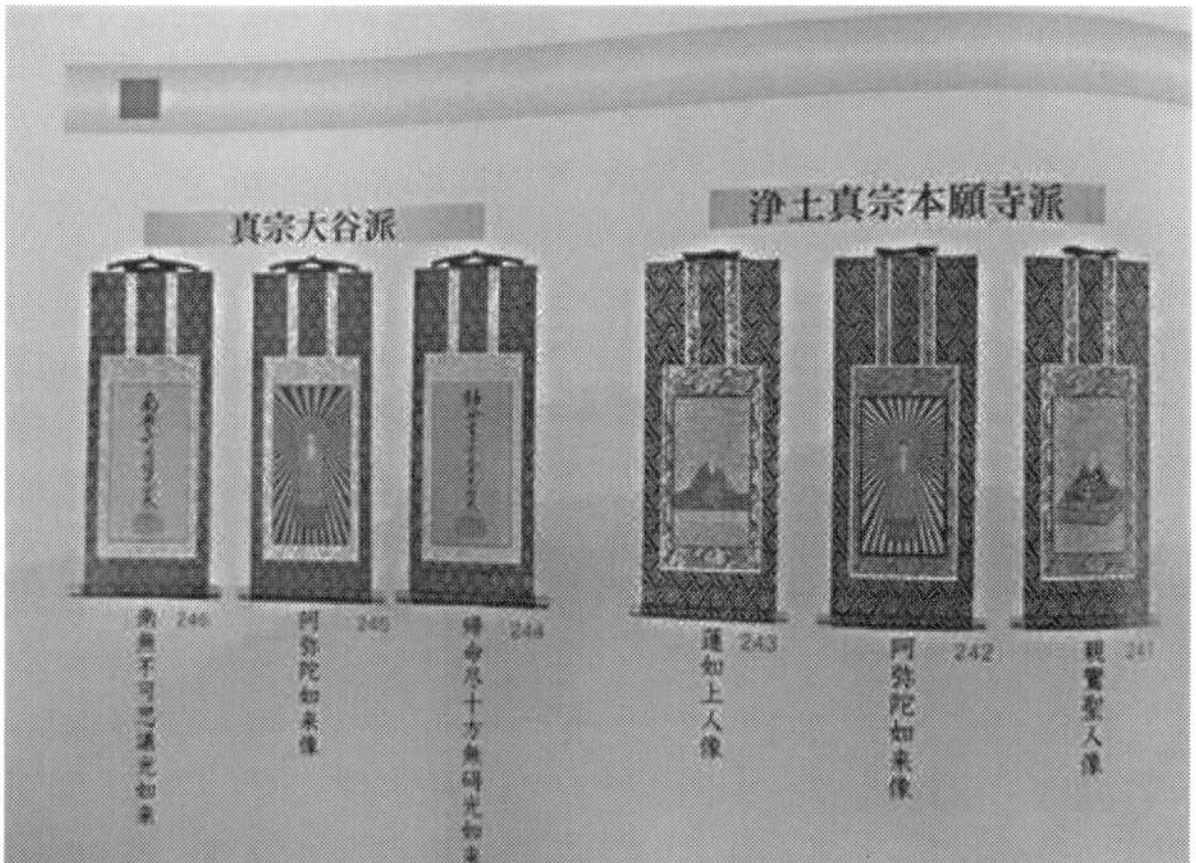

㈢　雑記帳

(1) 東西本願寺の分立

もともと本願寺は一つでした。が、現在のように二つの本願寺に分かれたのは、今から逆算して四二二年前の慶長七年（一六〇二）です。ゲームの「信長の野望」をみていると、ここに出てくる織田信長と本願寺顕如の風貌は、まるで阿修羅《あしゅら》のような形相をしています。とりわけ顕如は宗教者としての穏やかさが微塵もなく、虐殺を生業にしているような姿です。その顕如の姿は、本願寺住職という僧侶からはとても想像できません。これが一般の人がもっているイメージなのでしょうか。

東西本願寺分立のはじまりは安土桃山時代の本願寺第十一世顕如《けんにょ》と織田信長《おだのぶなが》の石山合戦の終結のときから始まっています。織田信長と本願寺はおよそ十年、長い間にお互いが対峙して、隙あらばお互いの命を奪い合っていました。この戦いを石山戦争（石山合戦）といいますが、平和な世の中と穏やかな生活を願っていた念仏者が、愛山護法を洗脳され殺戮を美化され、だまされて、ただ相手方を殺せばいいという日々を過ごしていた時です。ここには宗教者の心は微塵もなく、ただ相手の命を奪う戦いでした。この悲しい戦いは、一五八〇年に本願寺と織田信長が和睦して終結しましたが、数えれば何人の命を奪い、何人の命が奪われた戦いであったのでしょうか。この愚かな戦いの反省はその後の歴史に見当たりません。覚如によって親鸞の教えが広まることを願い本願寺が創立されたのですが、いつの間にか本願寺内に利権を貪るものが寄生していました。このことは親鸞の教えが、本願寺僧侶の生活とかけ離れてきていたといえます。本山のありさまがこのようだったので、一般寺院もそのありさまに染まってきたようです。この石山の戦いに対して、教如は顕如と考えが違って和睦に反対しておりましたが、最終的には信長との和睦に応じました。信長と本願寺の和睦で、顕如は石山本願寺から紀州の鷺森《さぎのもり》に移転しました。本願寺は顕如に従い和睦に賛同した穏健派と、信長との戦いに決着をつけようとした教如の強硬派との間で、わだかまりが続いていました。この歴史に触れるたびに、私が不思議に思うのは、「お互いの命を奪い合う戦い」は、覚如から受け継いだ本願寺が蓮如以降に貪欲に権力を求める輩になり、どうして本願寺の本来の姿を振り返らなかったのでしょうか。当時の顕如や側近に本願寺を命がけで守って亡くなっていった念仏者への心の痛みはあったのだろうかと訝しく思います。いまだに本願寺は愛山護法の美談として、この石山戦争を伝えているのだから不思議な世界です。この時代頃から本願寺住職はいつの間にか「裸の王様」でありつづけ今に至ったのでしょうか。私は親鸞の伝えたお念仏を人生のよりどころとして生きていれば、このような命の奪い合いはなかったと断定できます。この戦いは念仏者の命よりも、ただ本願寺の権威や本山の役人の名聞利養だけを存続させるためのものだけだったとしか思えないのです。いつも権力者に日和見に過ごしてきた本願寺が、権力者へと変貌してきたのです。宗教者としての心も行いもなく、寺の本来のすがたもなくなり、ただ権力・富・名声を求めている哀れな本願寺しかありません。高史明《こうしめい》に『一粒の涙を抱きて』という慟哭の書があるのですが、それに「こころの最深部が引き裂かれるほどの悲しみ」という表現が出てきます。この石

(1) 東西本願寺の分立

山戦争の最中に「こころの最深部が引き裂かれるほどの悲しみ」を抱いた僧侶がいたならば、本願寺の歴史は今より少しは変わって、もう少しありがたい本願寺になっていたかもしれません。親鸞はいつも煩悩具足という痛烈な自覚をもって生きていました。そして徹底した自己批判にたって、時の堕落・転落していた仏教教団や権力者を悲しみながら、そんな生き方をしている僧侶を見つめて、自らを誡めていました。こんな親鸞の生きざまを、顕如は考えることがなかったのでしょうか。過渡期の時代で、いつも求められるのは、大衆の平穏な生活であっただろうに、そこに本山本願寺住職の指導力と親鸞の教えの実践力が願われていたことでしょう。人はひとたび権力を手中に収めたら、お念仏よりも権力とか名声を貪欲に求めるようになるものなのでしょうか。

その後、織田信長の後に天下人になった豊臣秀吉の命令によって、一五八五年に本願寺は鷺森から大坂の天満《てんま》に移転しました。ところが、天満に移転してまもない三年後の一五九一年に、豊臣秀吉から広大な寺地の寄進があり、京都の現在地に本山本願寺の寺基を移転しました。その翌年の一五九二年、顕如が亡くなり、本願寺を継いだ教如は、自分に従っていた派閥（かつての強硬派）を重用して、本願寺のすべてを動かしていました。それゆえに本願寺内はただならぬ雰囲気が漂っていました。つまり、信長との和議に真逆の立場にあった穏健派と強硬派の対立が表面化してきたのです。顕如の死後に教如が本願寺を継職したことで大きな問題がでてきました。この本願寺住職の継職問題が長引いて一向に収まりませんでした。そこで、一五九三年、時の権力者の豊臣秀吉が、本願寺に対して仲立ちの申し入れをしました。豊臣秀吉から解決策の提案があったのですが、その解決策は途中でこじれてしまいました。そこで、豊臣秀吉は教如を本願寺住職から強制的に引退させて、顕如の三男・准如（教如とは異母弟）が本願寺住職になっています。この騒動で教如の実母と実弟の顕尊（興正寺）は准如を支持していたといいます。

一五九八年、豊臣秀吉が亡くなり、次に天下人になった徳川家康が、隠居していた教如を本願寺住職へ復位させる検討をしだしました。かつて、徳川家康は三河の一向一揆に苦戦した経緯があり、それで家臣の献策に従って本願寺の分立を企図したともいわれていますが、その事情はしかとわかっていません。かくて、慶長七年（一六〇二）に、徳川家康は教如の本願寺建立のための土地を、京都の烏丸《からすま》の現在地に寄進をしました。その土地に慶長九年（一六〇四）、本願寺と同じ御影堂や阿弥陀堂が建立されました。これが東本願寺のはじまりです。今までの本願寺（西本願寺）と新しい本願寺（東本願寺）は、ご開山《かいさん》（浄土真宗の教えを開いた親鸞の尊称）も、その教えもまったく同じなので、両者にはさほどのちがいはありません。ただ何百年の歴史とともに仏具・勤行・仏事作法などを比較してみると、東西本願寺には多くのちがいがでてきています。

(2) 東西本願寺と大谷家

本願寺が一つのときも、江戸時代初期に東西本願寺に分立してからも、本山本願寺の住職を世襲してきたのが大谷家です。いつの間にか、大谷家に生まれ住職になっているだけで、「親鸞の教えが受け継がれている」「親鸞さまと同じだ」と人々は錯覚し、宗門の誰もがそのように信じるようになってきています。明治時代に伯爵授与されて、「最後の貴族　東西本願寺の大谷一族」と言われたことがあるのですが、それが浄土真宗の僧侶として、親鸞の末裔として、何の意味をもっていたのでしょうか。このことに誰も疑問をもっていないのが不思議です。本願寺を創立した覚如から十一世顕如まで本願寺は、覚如の子孫が代々にわたって本願寺を世襲して、浄土真宗教団のトップとして君臨してきました（かっては宗門のトップの座を法主《ほっす》と呼称していました。すぐれた門主としての評価がある西本願寺の第二十三世勝如は、第二次世界大戦では教団をあげて戦争協力を扇動してきた人物です。その侵略戦争の協力をしていた過去のすがたに、GHQはずっと戦後の西本願寺を監視し続けていました。そこで、西本願寺は今までの教団の近代化へ試行錯誤しました。そしてその一つとして、昭和二十二年に旧来の法主《ほっす》という呼称を門主《もんしゅ》に改称しました。東本願寺は一九八一年の宗憲改正で、従来の法主を門首《もんしゅ》と改称しました。そうですから、今では法主という表現は東西本願寺で使っていません)。ところが第十二世准如のときに、本山本願寺は東西の本願寺に分かれて、西本願寺は第十二世准如から、東本願寺は分立した初代の教如から、それぞれの本山本願寺を代々に世襲しています。ですが、東西本願寺のルーツは同じなのです。覚如の子孫の家号を大谷家と言っていました。本山本願寺の寺号の公称は元亨元年(一三二一)ころと推定されています。それゆえに本願寺を創立した覚如の子孫が、代々に大谷本願寺留守職《るすしき》を世襲して本願寺住職をしてきています。東西本願寺は、親鸞の教えがその子孫に血族相続して、連綿と受け継がれる信仰が続いてきています。血脈は「けちみゃく」と読むのが本来なのですが、それは法とか教義が血統とつながるように、師から弟子へと相承されることを意味しています。禅宗の始祖・達磨大師以降の仏法の相承の系譜を示した血脈譜があります。普通、血脈というときには法脈を意味しています。しかし、本願寺ではこの血脈が本来の意味を変えて、親鸞の子孫の血統によって法脈が受け継がれているというようになってきました。その大谷家のルーツを辿ると、覚如に辿るまでの覚信尼の位置付けを知る必要があります。

親鸞は非僧非俗の求道者で、一宗を開くという意思はまったくありませんでした。また寺院を建立する意思もありませんでした。親鸞の生きざまを覚如は大事にしていたようです。念仏を中心にした生活でしたが、次第に本願寺の規模が大きくなった蓮如のころから権威付けが目立ち始めています。それからの本願寺は時代とともに存続するために、初期の本願寺とは随分と変容し続けて今日に至っています。まるで権力（権威）、名声、富を求めている威容を誇ってきたような本願寺の歴史です。ともあれ親鸞がお亡くなりになった後、親鸞の教えを奉じる門侶たちの拠り所は、親鸞の遺骨を納めた大谷本廟でした。関東の遺弟たちは親鸞の末娘の覚信尼に留守職を委嘱して廟所の管理を委ねています。その留守職は覚信尼に続いて覚恵に委嘱されました。しかし、この時に一つの事件が起こっています。覚恵の異父弟の唯善が、覚恵と覚如を祖廟から追い出して、実力で留守職を奪い取った唯善事件が起きたのです。重松明久の『覚如』によると、唯善と覚恵父子は青蓮院で対決し、その裁決を仰ぐことになりました。関東の門侶たちの支持を得た覚恵父子は、対決の論議を有利に展開していました。敗北を悟った唯善は裁決を待たずに祖廟から遺骨と祖像を運び出し、関東に逐電しました。この訴訟の費用や荒れ果てた祖廟を整備して、再建したのは関東の門侶たちです。やがて覚恵が亡くなったので、留守職は覚如にすんなりと委嘱されるものと思われていました。しかし、この骨肉の争いに懲りた関東の門侶は、覚如が留守職就任するのを相当にしぶりました。唯善事件の再発を防ぐためにも、留守職の任命権を確保しておきたいと考えていたのでしょうか。覚如はひたすら留守職就任を低姿勢で懇望しつづけました。関東門侶たちが出した条件をすべて飲み込み、十二か条におよぶ屈辱的な誓約状を差し出しています。その内容の一部を取り出せば、「毎日の御影堂の勤行は怠らない。御門弟の意思に背くときは、ただちに追い出されても一言の文句も申さない。個人の借金で御門弟に迷惑をかけない」等々です。「もしも誓約に背いたときは朝廷・幕府に訴えて遠流にしてください」とまで書き添えています。忍従を重ねて、やっと留守職についた覚如は、やがて大谷の祖廟を本願寺と称して、自らを統括者にする教団を形成しようと心中に温めていたようです。

ところが、なんと親鸞没後から二百八十年も経ってから、親鸞の家系図が登場してきました。最初の家系図は、実悟（蓮如の子供）が作成した「大谷一流系図」なのですが、この家系図は『口伝鈔』と『親鸞聖人御因縁秘伝集』の内容を踏まえて作成されたものです。失礼ですが、親鸞没後あまりにも時間が経ってから作られたものなので、この内容を鵜呑みしていいものかどうか、疑問だらけの家系図です。そう思うのはこの家系図の内容を証明できるものが存在していないからです。親鸞の人生を学んでいると、どの時代でもこの家系図が信じ込まれ教え込まれてきています。現在もしかりです。はたして、この疑問だらけの家系図を見直すときがくるのでしょうか。『御伝《ごでん》鈔《しょう》』が親鸞の足跡《そくせき》と誤解したまま、一々が実際にあったことだと教えられているので、現代では『御伝鈔』が親鸞の伝記と思っている僧俗が多いようです。これこそ覚如の遠大な智謀の結果なのでしょうか。これは浄土真宗を広める教化資料の『御伝鈔』と見抜けなかった宗学者が、覚如の真意を読み取れず、誤解のまま現代につながってきているのかも知れません。覚如は、親鸞は日野家の出身と明言をしているので、それを各時代の僧侶は日野家出身説を安直に信じて、大衆に伝え続けてきたのかもしれません。しかし、貴族出身ということが、親鸞の人生にどれほどの意味をもっているのでしょうか。その結果、何百年もの間に「庶民と違う尊い出自の親鸞さま」というふうに、親鸞の日野家出身が強調されてきたのです。親鸞の没後からおよそ二百八十年後の「大谷一流図」に、親鸞が日野家の出身と系譜付けられていますが、これは蓮如によって大きくなった本願寺教団が対外的に公表したかったものなのかしれません。本願寺の規模が大きくなり、親鸞の貴族出身の家系だと伝えることが望まれたのかもしれません。はっきりいえることは、この家系図は一般社会に公認されたものでありません。貴族諸家の系譜を編集した「尊卑分脈」にこの家系図が組み入れられるや、親鸞の日野家出身は公認を得たように、ゆるぎない事実として今日まで伝承され続いています。親鸞の残したものを読む限り、出自は一切語っていません。親鸞が出自に何も語っていないのにもかかわらず、曾孫の覚如は本願寺を権威付けるために、親鸞が「やんごとなき貴族の生まれ」と宣伝し、親鸞と公家の日野家を結び付けたのではないかと想像をしています。親鸞の家系図には『尊卑分脈』の「日野家・本願寺系図」もあります。でもこれは「大谷一流系図」が『尊卑分脈』に組み込まれたものだともいわれているものです。しかも同じ『尊卑分脈』にある「藤原南家々系図」には日野経尹・範綱・宗業・有範、そして親鸞の実弟と伝えられる尋有の名前はあるのですが、範宴（親鸞）の名前はでていません。これはどういうことなのでしょうか。多くの研究者はふたつの『尊卑分脈』を合わせて、親鸞は日野有範の子であると特定しているようですが、はたして、こんな理解でいいのでしょうか。

もう少し検証してみましょう。「大谷一流系図」に親鸞の子供六人の男女に九条兼実の娘玉日と印信が挿入されています。『尊卑分脈』に「日野・本願寺系図」が組み入れられたのは、「大谷一流系図」が作成されてから十年後の天文二十一年（一五五二）頃といわれています。これらの家系図は、親鸞と恵信尼の没後から三百年近くも時間が流れています。私はこの家系図を教えられて信じてきましたが、はたして、これでいいのだろうかと思っています。このふたつの家系図が正しいと証明するものが何もありません。ふたつの家系図からみると、親鸞の奥様が恵信尼一人とあるのからみれば親鸞は七人家族です。ところが、玉日と恵信尼の二人の奥様がいたという家系図からいえば、親鸞は八人家族です。これをどう伝えていけばいいのでしょう。昔も今も、このまま伝えているだけで、二つの家系図をごくあたりまえのように教えています。これについて、誰もおかしく・不思議に思わないのでしょうか。真宗史で日野家がでてくるのは、親鸞の末娘の覚信尼が日野広綱と結婚してからのことです。覚信尼は関東から京都に帰洛に同行したといわれていますが、それまでの覚信尼の足跡は史料がなく不明です。ただ太政大臣の久我通光《こがみちみつ》家に女官として仕えていたらしく、久我通光が没した宝治二年（一二四八）ごろに、日野広綱と結婚して翌年ごろに覚恵を産んでいることまでわかっています。それは親鸞が七十六歳のころです。日野広綱は「藤原南家系図」にでている一族です。日野広綱と覚信尼の縁戚関係は、親鸞の日野家出身の説にスムーズに説得力がでてきます。日野広綱と覚信尼との結婚はわずか七年ほどであったのですが、覚恵が七歳のころに広綱が亡くなりました。これからは親鸞と日野家とのつながりについての史料がまったく残っていません。

親鸞の末娘の覚信《かくしん》尼は日野広綱との死別から、年老いた親鸞の介護をしていたようです。ですから、親鸞の臨終に立ち会え、葬儀を取り仕切ったという痕跡がみえるのです。その後に親鸞の遺骨は再嫁した小野宮禅のところに持参し、のちに親鸞の墓を建てて納骨しています。この墓を大谷廟堂といい、後に本山本願寺になりました。真宗史では覚信尼は覚如同様に忘れてはならない人物です。どういう理由があったのかわからないのですが、覚信尼の死後は親鸞の墓所の管理を、覚恵（先夫・日野広綱との子）が引き継いでいます。その覚恵の長子の覚如のときに、本願寺という寺が登場してきました。

十五世紀後半に入ると、蓮如が「講の充実と御文章」による布教伝道活動で、本願寺教団は瞬く間に、日本仏教界の大きな一大勢力に成長しました。このころは純粋に浄土真宗の教えが中心の布教伝道を全うしていた本願寺教団でした。ところが、比叡山の弾圧があり、寛正六年（一四六五）に大谷の本願寺は破却されました。のちのちに、蓮如は越前の吉崎御坊や京都郊外の山科本願寺に移住しています。加賀は蓮如の教勢拡大を背景に、長享二年（一四八八）に加賀一向一揆を起こしています。加賀の本願寺教団は守護の富樫氏を追放し、「百姓の治める国」といわれていました。領主不在の状況は天正八年（一五八〇）までおよそ百年間続きましたが、実際には真宗門徒の有力者が自治を行っていました。

十六世紀に入ると、戦国の動乱の中で、本願寺は本来の寺としてあるべき姿から逸脱し、まるで戦国大名であるかのように振る舞っていました。農民から地侍の武士階層に至る組織力を武器にして、日本各地で浄土真宗の教えを建前とし、本願寺本分から乖離した命を奪い合う戦いを日常としていました。一般の人には広大で壮麗さを誇った山科本願寺はまるで権力と富の象徴のように見えていたことでしょう。それも天文法華の乱で、天文元年（一五三二）に消失しました（山科本願寺の戦い）。そこで蓮如の孫の第十世証如は、蓮如が隠居していた敬信閣《きょうしんかく》（のちの石山本願寺）へ本願寺の寺基を、京都から大坂に移しました。

歴史のなかで、本願寺は何度も本来のあるべき姿に立ち返る機会はあったはずです。本願寺の移転の転機に、失われた念仏者の姿に襟を糺す勇気ある指導者がおれば、本願寺本来の活動ができていたかもしれません。そうであれば本願寺の歴史は変わっていたかもしれません。そんなチャンスを逸して、できあがったのは城のように要塞化した本願寺でした。河川交通の淀川河口の要衝を抑える上町台地の北端にある丘の頂上に位置していた石山本願寺を本拠地として、証如は諸大名や室町幕府、朝廷との緊密化を図って勢力基盤を強固なものにさせています。一方で、証如時代の末期から、本願寺本来の浄土真宗の教えを伝えるという寺の本分から完全に逸脱した行動をしています。そこで証如の子・顕如の時代は、ほかの大名権力と何ら変わらないありさまでした。本願寺の活動は形だけをみれば、寺院活動らしきものがみられるのですが、あまりにも巨大化したその権力と富は、そこらの大名に引けを取るものではありませんでした。そこで本願寺教団は畿内に進出しました。そこに宗教勢力から領主権力を奪って統一国家を確立しようとしていた織田信長と本願寺との対峙は避けられないものでした。元亀元年（一五七〇）から約十年にわたり本願寺と織田信長の抗争が続きました。お互いに命を奪い合う戦いの悲惨さに涙した念仏者はどれほど多かったことでありましょうか。頼山陽《らいさんよう》の「抜きがたし南無六字の城」とある詩には、その戦いの本質を曲げて美談・美化しています。それを大法要のたびに本願寺は宣伝してきましたが、この本願寺当局の感覚はどういうものなのでしょう。私は頼山陽の詩をみるたびにおびただしく奪われた命と奪った屍を想像します。こんな公然と戦争美化を宣伝している本願寺になっていることを悲しく思います。また石山戦争の痛ましさが身に染みていい念仏者のはずなのに、教団の指導者は猛省の跡すらみえません。第二次世界大戦など多くの戦争で、敵を殺すことを教え、教えられ戦場に赴いています。そのことの反省はまったくなく、戦場での生活を懐かしむ感があります。戦場に散った命を美化している追悼法要、形だけの千鳥ヶ淵の全戦没者追悼法要に、戦争を知らない私は釈然としないものをいつも感じています。ただ愛山護法のためにと教え込まれて、はかなく消えた多くの命があります。このことを思うたびに、その時代に生まれていなくてよかったと思うだけで、このことは済ませていいものなのでしょうか。ただ本山死守のために亡くなった多くの念仏者に心から追悼するばかりです。要塞化した石山本願寺に立てこもった顕如と、各地で織田信長への抵抗運動を繰り広げる本願寺門徒との連携によって、本願寺側がしばらく優勢に立って、織田信長を随分と苦しめていました。ところが、天正二年（一五七四）に伊勢国・長島の願証寺の一向一揆が織田信長勢に滅ぼされ、さらに天正三年（一五七五）に織田信長から奪還した越前一向一揆が殲滅されるなど各地の本願寺勢力がそがれてきました。天正六年（一五七八）には第二次木津川口の戦いで本願寺と同盟する毛利氏の水軍が織田水軍に敗れるなど、本願寺勢は敗北を重ねていました。それでも本願寺は紀州の雑賀衆の支援を得て、強勢を保っていましたが、次第に孤立していきました。天正八年、織田信長はついに正親町《おおぎまち》天皇の勅命を引き出して和睦を迫り、かくして顕如は石山本願寺を退去することになり、ここで領主権力としての本願寺は崩壊したことになります。今から思えば、これはこれでよかったといえるのかもしれません。

このとき織田信長への抵抗を続けると主張をしていた教如と、和睦を進める顕如が対立していました。が、本願寺は織田信長と和睦しました。天下はすぐに豊臣秀吉の時代になり、豊臣秀吉の寺地寄進により、本願寺寺基が京都に移転した翌年の天正二十年（一五九二）に顕如は亡くなりました。そこで長男の教如が本願寺第十二世を継職したのですが、「先代顕如の本願寺留守職譲り状が三男の准如に宛てている」という理由から、教如の本願寺就任に疑義があると、実母の如春尼が言いだしました。このことで収拾がつかない状態が続いていたので、豊臣秀吉がこの混乱の仲裁に入りました。かくして豊臣秀吉の意向によって、教如は翌年の文禄二年（一五九三）に強制的に隠退させられる羽目になり、異母弟の准如が本願寺第十二世に就任しました。とはいうものの、教如は以前通りの教化活動を続けており、それを支持する末寺も多くありました。少し時代が下がった慶長七年（一六〇二）、徳川家康が隠居の教如に六条烏丸に寺地を与えました。ここに新しい本願寺が建ったので、これによって本願寺は二つに分立し、これから本願寺教団は東・西に分立して現在まで存在しています。

不思議なことに、親鸞が出自には一切触れない一生だったにもかかわらず、東西本願寺の大谷家は皇族との血筋を求めて、堂上家の猶子《ゆうし》（財産相続権がない養子）になったりしていました。これは本願寺が親鸞から離れて大谷家の存続だけを求めていた姿だといえます。本願寺が存続するため、尊い皇族の血筋を引いている大谷家であると見せつけるように、公家との通婚を続けていたみたいです。そのため母系はより公家化が進んできていたといわれています。このような経緯からか、明治維新後に東西本願寺の大谷家は華族になり、伯爵を授けられて貴族という立場を与えられました。他の世襲門跡家や宮司とか国造家は男爵に叙されているので、この東西本願寺の待遇は破格であったといわれています。（明治維新のみならず時代の転換期に、東西本願寺は本来のあるべき念仏者の姿に立ち返るチャンスは数多くありました。でも、その努力をした様子はまったくありませんでした。また全国に広がっている寺院は、寺院教化活動から、親鸞の生きざまや教えを学んでいたはずですが、東西本願寺、末寺・聞信徒が、この爵位授与をこの上ない名誉と受けとめていたような様子があります。私にはこの感覚がどうしても解せません。私は明治時代の高僧の教化に感銘を受けましたが、反面爵位を受けて名誉と受けとめていたすがたに、今まで守ってきた浄土真宗の信仰は一体何だったのだろうかと疑問をもっています。「本願寺の長い歴史のなかで本当に親鸞の教えが生きていたのだろうか。いや、浄土真宗が各寺院の門信徒に伝わっていたのだろうか？日本一の教団といわれながらも、本山や各お寺に浄土真宗の教えが本当にあったのだろうか？」と疑わずにはおれません。本当に親鸞の教えと生きざまが身についた信仰教団であったならば、こんなばかげた風潮は起きるはずがありません。加えて、今でも門主を自分たちよりも、門信徒よりも、尊い人だと、疑似天皇に位置付けている僧俗が多くいます。依然として門主を、「この上なくありがたいお方」「自分たちとは違って尊いお方」と、天皇に近い存在として、門徒に伝えているのを聞くと、浄土真宗の僧侶であることが恥ずかしくなってきます。いや、僧侶をすぐにやめたくなってきます。こんなことで親鸞の教えと生きざまが本当に伝わるはずがありません。まったく中身のない「形だけの僧侶」「名前だけの門徒」を大事にしてきた歴史が、今の今でも繰り返されてきているような気がしているのですが……）

平安時代以前に氏姓制度が敷かれていて氏《うじ》と姓《かばね》は区別されていました。今日の苗字に通じるものは、いつ頃から出てきたのだろうかと調べると、平安時代の終わりに苗字が生まれているみたいです。貴族（公家）の苗字と、武士の苗字のルーツは異なりますが、どちらも時世の必要性から自然発生的に生まれたものだといわれています。明治三年（一八七〇）九月十九日に政府は、「平民苗字許可令」の太政官布告（法令）を全国民の把握と戸籍編成の必要から出しました。つまり、これによって公家出身の華族や、武士出身の士族でない平民も、苗字を名乗ってよいことになったのです。しかし、苗字を名乗ると新たな課税がされるのではないかという警戒感があって、苗字の届け出を行う人は少なく普及しなかったといわれています。現代のマイナンバー制度導入の経緯と似ているところがあったみたいです。明治政府は明治四年（一八七一）に「戸籍法制定」、「姓尸不称令《せいしふしょうれい》の太政官令」を出して、古代から続いていた氏と姓を廃止して、華族および士族（公家・武士）に属さない平民に苗字の使用を許可しました。公文書において「かばね（旧来の氏と姓）」を表記しないこと定めています。つまり現代と同じように苗字と名前に集約したのです。翌年の明治五年は通称と実名どちらかにすべきという「複名禁止令」と「改名禁止令」を出しましたが、苗字の登録が思うように普及しないので、改めて明治八年（一八七五）二月十三日に「苗字必称義務令」の太政官布告を出しています。明治時代までは公家と武士以外は名字（苗字）を使う慣習がなかったのですが、明治四年からすべての日本人が苗字を付けなければならなくなりました。明治時代から西本願寺住職と東本願寺住職、その一族が大谷の苗字を名乗りました。そのため、西本願寺系の大谷家と東本願寺系の大谷家が存在しています。大谷を苗字としたのは、親鸞の廟堂が知恩院北門の大谷の地にあることに由来しています。

(3) 西本願寺と皇室・華族（公家）の通婚

① 光瑞（第二十二世鏡如）と籌子《かずこ》（九条道孝三女、貞明皇后の姉）

新門の大谷光瑞が十七歳の時に、侯爵九条道孝の第三女籌子が大谷家に迎えられました。当時の籌子は十一歳。将来に裏方となるべき女性としての教育を受けたのちに、光瑞の正室になることを約束されての輿入れでした。婚礼は有栖川宮熾《たる》仁《ひと》親王の媒酌で、明治三十一年（一八九八）一月三十一日でした。この時点で籌子の妹節子《さだこ》は独身でしたが、一九〇〇年、皇太子嘉仁親王（のちの大正天皇）に嫁ぎました。明治天皇の逝去に伴い皇太子が天皇となり、籌子は皇后陛下（貞明皇后）の姉となりました。光瑞は子供に恵まれていなかったので、次代は甥の光照（勝如）が西本願寺第二十三世となっています。

② 歌人で絶世の美女といわれた武子（第二十一世明如の長女）は、光瑞が九条家から嫁

を迎えたのに対して、武子は逆に九条良致（九条道孝の五男）に嫁いで西本願寺と侯爵九条家の関係を深めました。

③　光明（光瑞弟、光照の父）は紝子《きぬこ》（九条道孝の七女）を迎えて、九条家とさらなる絆を深くしています。

④　光照（第二十三世勝如）は嬉子《よしこ》（徳大寺実厚の長女）を迎えました。

⑤　正子（光明の長女）は近衛文隆（近衛文麿の長男）に嫁いでいます。

ここまでして皇族とのつながりを、西本願寺大谷家は望んでいたのでしょうか。さびしい人生観です。親鸞の末裔《まつえい》らしからぬ皇族との西本願寺の通婚は、東本願寺関係者にとって羨望の的であったみたいです。

(4) 東本願寺と皇室・華族（公家）の通婚

① 光勝（第二十一世嚴如）と和子（伏見宮邦家親王の四女）と結婚。
② 恵子（第二十二世現如の次女）は九条道実（九条道孝の長男）と結婚。
③ 光演（第二十三世彰如）は章子（三条実美の三女）と結婚。
④ 光暢（第二十四世闡如）と智子《さとこ》（久邇宮邦彦王の三女、香淳皇后の妹）と結婚しました。

この智子との婚儀は、東本願寺にとって、「これで西本願寺と肩を並べることができた」とよろこびに溢れていたといいます。というのは、智子さんが香淳皇后（昭和天皇皇后）良子《ながこ》の実の妹であり、今上天皇の大叔母で上皇の叔母にあたる人物だからです。四男二女に恵まれています。光暢は当時新門で大谷大学の学生でした。

智子は結婚当時は十七歳。この縁談がまとまったのはその五年前でした。五年前の婚約と同時に智子は京都に住まいを移し、府立京都第一高女を卒業するのをまって婚礼の運びとなりました。

(5)　豊臣秀吉と聚楽第

聚楽第は関白になった豊臣秀吉の政庁兼邸宅として、天正十四年（一五八六）二月に着工され、翌天正十五年（一五八七）九月に完成しました。そこで秀吉は妙顕寺城から移り住むようになりました。九州征伐を終えた秀吉が、大坂からここに移って政務をこなしていました。旧暦天正十六年四月十四日（一五八八年五月九日）には後陽成天皇の行幸を迎えています。また天正少年使節や徳川家康の謁見もここで行われました。天正十九年（一五九一）十二月に、秀吉が豊臣氏長者・家督および関白職を甥の豊臣秀次に譲った後の聚楽第は、秀次の邸宅となりました。翌、天正二十年（一五九二）一月には再度、後陽成天皇の行幸を迎えています。このような、短期間に同じ場所で二度も行幸が行われたのは稀有なことだといわれています。

文禄三年ごろには北の丸が秀次によって増築されました。しかし、文禄四年

（一五九五）七月に秀次は、秀吉に高野山へ追放され切腹しました。その後、秀吉は、秀次を謀反人として印象付けるため、翌八月から聚楽第を徹底的に破却しています。竣工から破却まで、聚楽第が存在したのは八年弱ということになります。聚楽第を破却した豊臣秀吉は、御所に参内するための便宜上、新たに豊臣家の京屋敷を建設する必要に迫られ、現在の仙洞御所の地に「京都新城（後に北政所が居住）」を設けました。

　聚楽第は本丸を中心に、西の丸・南二の丸及び北の丸（豊臣秀次増築）の三つの曲輪を持ち、堀を巡らせていたため、形態としては平

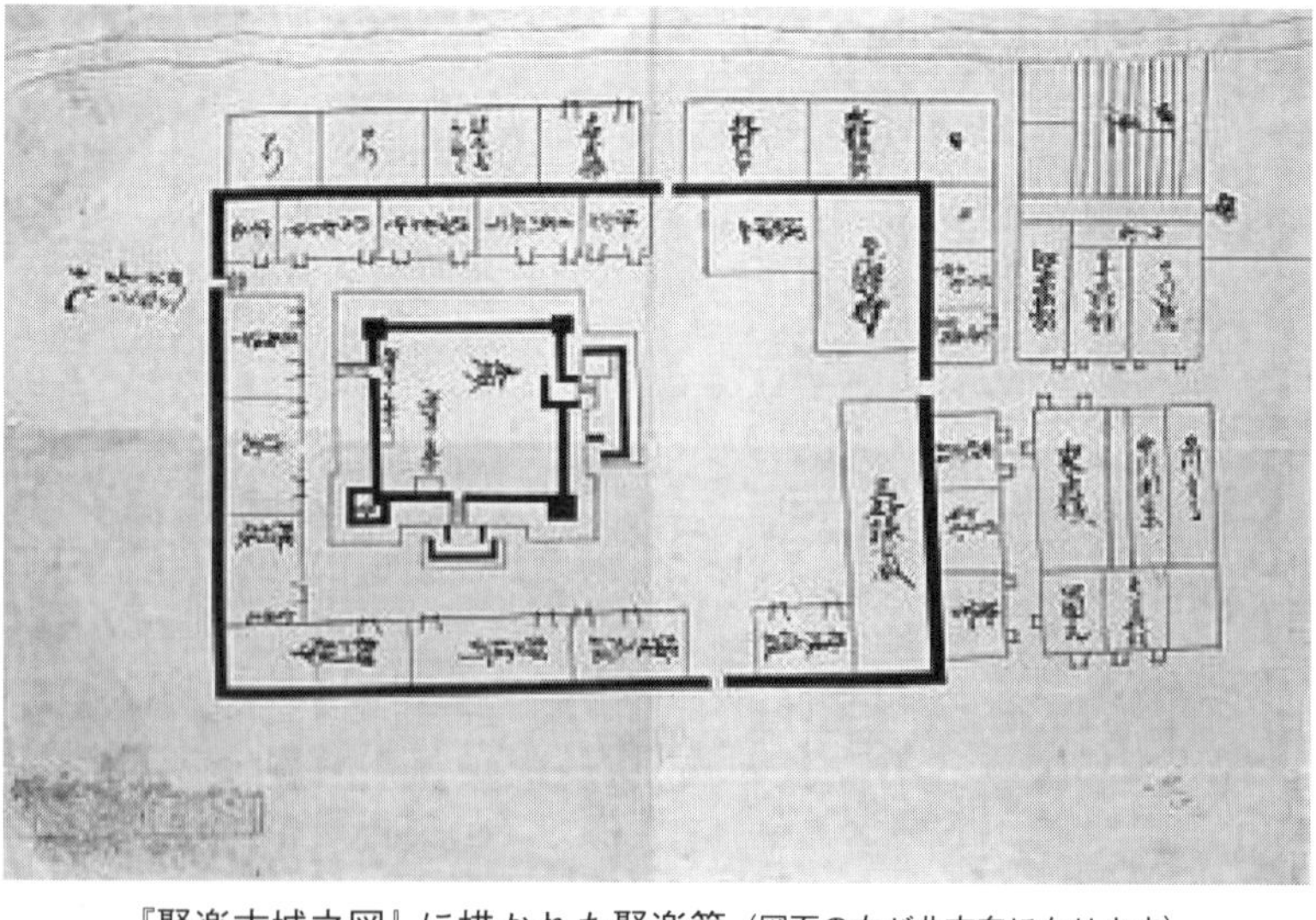

『聚楽古城之図』に描かれた聚楽第（図面の左が北方向になります）

城でした。建物には金箔瓦が用いられ、白壁の櫓や天守のような重層な建物を持つ姿が国宝「三井家本　聚楽第図屏風」や「洛中洛外図」（江戸初期）などに描かれています。さらに国立国会図書館と広島市立図書館（浅野文庫）が所蔵する「聚楽古城図」に、本丸北西隅に「天守」の書き入れがあるので、天守の存在があったのではないかと推定されています。一方で天守はなかったという指摘もあります。秀次の家臣駒井重勝の『駒井日記』によると、本丸の石垣上の壁の延長は計四八六間、三つの曲輪も含めた四周に巡らされた柵の延長は計一〇三一間もあったそうです。吉田兼見の『兼見卿記』によれば、堀の幅は二十間、深さは三間でありました。域内数カ所で堀の痕跡が発掘され、その内二カ所で石垣列が発見されました。そのいずれもが、方位に対して時計回りに約三度の傾きを持っていることが最近発見されました。よって聚楽第の縄張りには三度の傾きがあったと考えられ、更に城下の街区にも同様の傾きがあったのではと推定されています。従来からこの附近の通りには、時計回りに傾く傾向が認められ、「聚楽第の縄張りには同様の傾きがあったのではないか」との憶測があるので、それが実際に確認されたことになります。聚楽第南方に位置する徳川家康創建の二条城にも同様に三度の傾きがあります。そこで、この二条城の傾きが聚楽第の影響によるとの意見もでています。

「京都図屏風（地図屏風）」によれば、本丸は北堀が一条通南方、東堀が大宮通、南堀は上長者町通、西堀は裏門通付近にあったものと推定されます。それに加えて北之丸北堀は横神明通、南二之丸南堀は出水通北方、西之丸西堀は浄福寺通付近にあったと推定されます。『聚楽行幸記』には、内郭部堀の四周を囲んで「石のついがき」が「山のごとく」巡っていたとあり、その様子は聚楽古城図にもみえます。このことは、「聚楽第図屏風」をはじめとする聚楽第を描いた全ての屏風絵からも確認できるので、外郭は堀を伴わない「ついがき」、すなわち高塀であったのではないかとも考えられています。北側は元誓願寺通付近、東側は黒門通付近、南側は下立売通と出水通との中間付近に築かれていたのではないかと推定されております。西側は土屋町通付近にあったものでないだろうかと推定されています。最近になって、当初外郭は高塀であったが、のちに外堀が掘られて、それが未完成に終わったとする意見がでてきています。ただし文献・伝承などに、外堀が掘られたことや高塀が取り壊されたこと、大名屋敷を立ち退かせたことなどは記載されていません。「聚楽古城図」によれば、外郭内に豊臣秀長（大和大納言）、三好孫七（後の豊臣秀次）などの秀吉の親族や、前田利家、黒田孝高、細川忠興、蒲生氏郷、堀秀政など秀吉配下にあって、特に信頼されていた大名の屋敷が建ち並んでいました。千利休も外郭内北東隅の北御門近く、現在の元誓願寺通南側、大宮通と黒門通の間辺りに屋敷を与えられていました。外郭外側には、縦横に街路を造り、秀吉配下の大名屋敷を配置していました。その範囲は、北は元誓願寺通、南は丸太町通、東は堀川、西は千本通で囲まれた地域であったのではないかと推測されています。のちに街区は堀川の東にも広げられ、聚楽第と御所の間は金箔瓦を葺いた大名屋敷で埋め尽くされていたのではないかと考えられています。

聚楽第は、「聚楽亭」「聚楽城」「聚楽屋敷」「聚楽邸」「聚楽館」などと記されています。単に「聚楽」とのみ記した例がある一方で、『聚楽行幸記』などには「聚楽第」「聚楽亭」

の表記がみられます。読みに関して「じゅらくてい」「じゅらくだい」「じゅらくやしき」という各説があるのですが、「第」の漢音は「テイ」であり、正保期の版本小瀬甫庵の『太閤記』には「聚楽第」の表記に「じゅらくてい」のふりがなが振られており、当時「じゅらくてい」とよんでいたことが確認できます。同書には「聚楽亭《じゅらくてい》」「聚楽と号し里第《りてい》を構へ」の表記もみられます。明治以降の文献には「じゅらくだい」としたものもあります。群書類従『解題』（一九六〇年）には「『ジュラクダイ』とも読むが、『第』『亭』相通じ、（中略）、古文書類にも『亭』としたものがあるから、

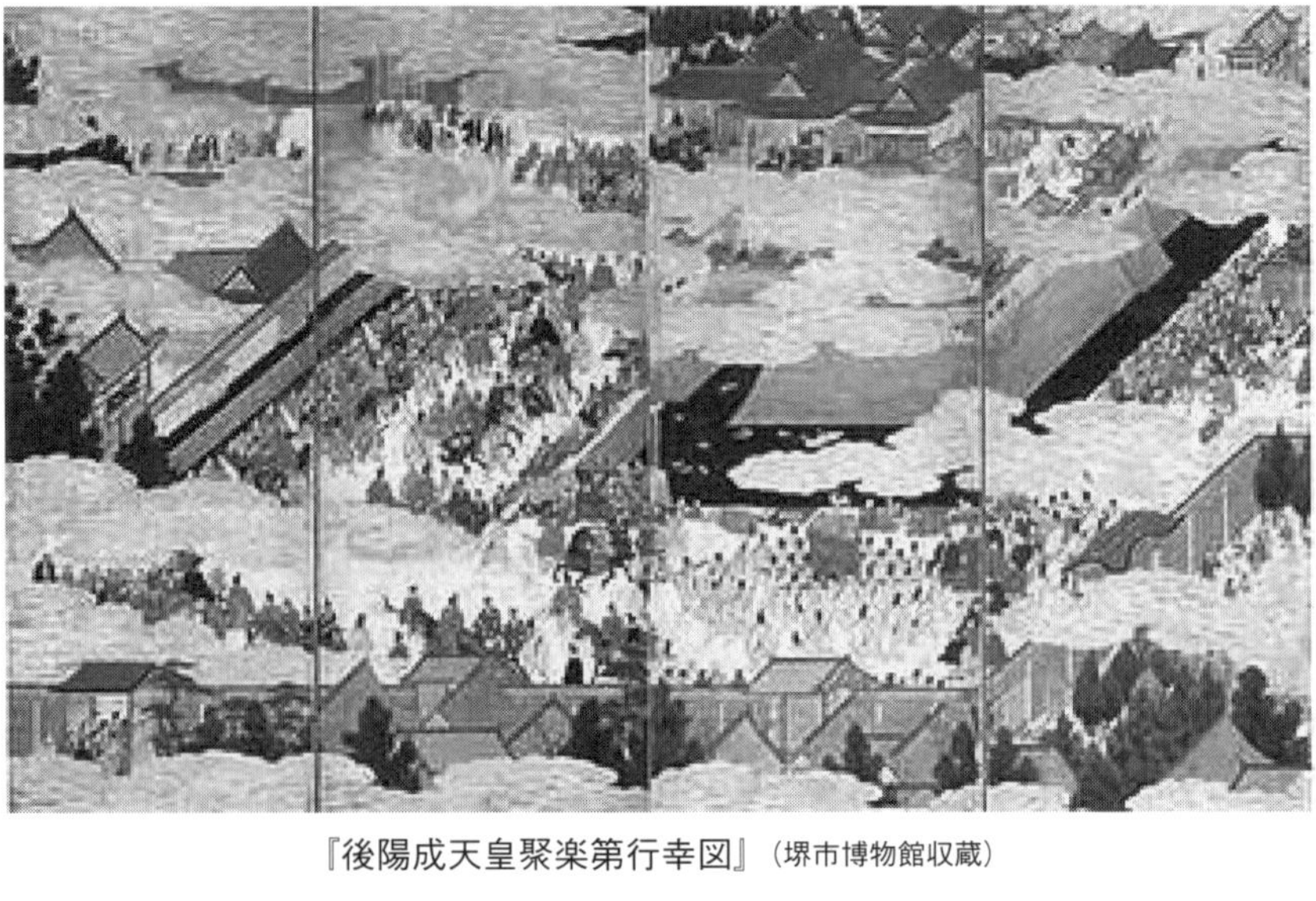

『後陽成天皇聚楽第行幸図』（堺市博物館収蔵）

正しくは『ジュラクテイ』と読むべきであろうとしている」と指摘しています。なお桜井成広は、「じゅらくやしき」と読むべきと言っています。聚楽第は、建造中は「内野御構」（うちの　おかまい）とよばれていました。「聚楽」という名の由来については、『聚楽行幸記』に「長生不老の樂《うたまい》を聚《あつ》むるものなり」とあります。またフロイスの『日本史』には「彼（秀吉）はこの城を聚楽（juraku）と命名した。それは彼らの言葉で悦楽と歓喜の集合を意味する」（松田毅・川崎桃太訳）とあります。これら以外に「聚楽」の出典が見いだせないことから、秀吉の造語と考えられているのが現在の状況です。

平成四年（一九九二）に聚楽第本丸東堀の跡から大量の金箔瓦が出土しました。この石碑はその東堀跡に建てられています。

上述のように、聚楽第は徹底的に破却されたので、明確な遺構は残っていません。現在『聚楽第址』の石碑が、中立売通大宮西北角

『聚楽第址』の石碑

（聚楽第本丸東堀跡）と中立売通裏門南西角（聚楽第本丸西堀跡）の二箇所に建てられています。

平成四年（一九九二）、西陣公共職業安定所（ハローワーク西陣・大宮通中立売下ル）の建て替え工事の際に、本丸東堀跡が検出され、金箔瓦約六〇〇点が出土しました。本丸側から投棄されたように層状に堆積していたため、本丸の建物に葺かれていた瓦と考えられます。これらの瓦は平成十四年（二〇〇二）国の重要文化財に指定されました。

平成九年（一九九七）には、一条通松屋町西入ル北側のマンション建築工事の際に、東西に延びる底石列が二列検出されました。この石列は京都図屛風などから北之丸北堀南側の石垣のものと考えられます。平成二十四年（二〇一二）には、京都府警西陣待機宿舎（智恵光通上長者町下ル東側）の建て替え工事の際に、本丸南堀北側の石垣の基部（東西間の約三二m）が検出されました。

(6) 西本願寺と聚楽第 ①

西本願寺境内の南東隅にある滴翠園《てきすいえん》内の滄浪池《そうろうち》の池に面して建っている三階建の庭間建築が、国宝の飛雲閣《ひうんかく》です。飛雲閣とは池の上を行く回廊という意味であるそうです。西側につながっている建物が黄鶴台で、ここは高床式の建物で、ここを降りると浴室があります。さらに西南隅には唐破風の蒸風呂、鉄釜があり、当時は上の窓、板戸を開閉することで内部の温度調整を行っていたそうです。ちなみに蒸風呂は蒸気で高温多湿となるため、床がとても熱く、敷物を敷いてしのいだといわれています。これが風

『聚楽第図屏風』（三井記念美術館収蔵）

呂敷の語源となったともいわれています。飛雲閣には浴場があるのですが、宿泊としての機能は見当たりません。それは、あくまで客人を浴場でゆっくりしてもらう習わしから浴場が存在しているといわれます。

江戸時代の絵図に御亭《ちん》あるいは御物見と記しています。三階建てですが各階は平面の大きさを変え、屋根などの意匠も左右相称を避けて変化に富んだ外観をもっている建物です。江戸時代初期の『紫雲殿由縁記《しうんでんゆえんき》』に飛雲閣のことに触れています。これの延享四年（一七四七）増修に、この飛雲閣は豊臣秀吉の遺構と記されているので、飛雲閣は聚楽第の遺構であるということが広く言い伝えられるようになりました。しかし、その確証となるものがありませんので、その真偽は定かではありません。これは本願寺がいかに豊臣秀吉という権力者と親密であったかということを、後世の人が誇張して伝えたことなのかもしれません。昔読んだ本に、「百年言いつづければ本当の話になる」という言葉がありました。最近の朝日新聞「折々のことば」に、「状況を説明するために作り出された話がいつの間にか本当の話になる」という松井彰彦の言葉が紹介されていましたが、長い間語り継いでいけば、本当の事実と認識されるようになってくるのが不思議です。飛雲閣の様式は、聚楽第の時代のものにしては新しいといわれています。よって、建築史から飛雲閣を聚楽第の遺構と断定するのは否定されています。

一方、その一階平面が大書院の対面所と共通しています。そこで寛永年間（一六二四～一六四五）に西本願寺が建てたものではないのではないかと想像できるという説が出てきました（平井聖説）。飛雲閣の一階は一列型書院造の形を示していますが、それに対して対面所は三列型で真宗の本堂建築のスタイルを踏襲しています。こうしたことから両者が似るとするには無理があり、さらに建築時期と理由などを考えていくと十分な説得性がみつかりません。飛雲閣を数寄屋と見た場合、元和年間（一六一五～一六二四）創建の桂離宮の古書院と比べて洗練さに欠けており、また明らかに古様です。さらに、寛永期は元和三年（一六一七）の大火災からの復興で経済が逼迫していた時期であったことを考えれば、この時期にこのような遊興的な建物を新築したとは到底考えられません。これらの点から、寛永期に創建したという説に疑問がでてくるのは当然です。近年になって、付属建物である黄鶴台（重要文化財）から「寛永五年三月から寛永六年八月迄…」という墨書（鶴岡典慶報告）が発見されて、これが移築の時期を示すのではないかという推測がされました。秀吉の京都新城、後の高台院屋敷のアコセガ池畔から、後水尾上皇の仙洞御所造営（寛永四年（一六二七））着手に先立ち解体撤去されて、本願寺に移築されたのが飛雲閣ではないのかという伝承があるのですが、これは信じるに足る根拠がまったくありません。誰が言い出したのか不明な伝承が、今でも本山本願寺の案内で伝えられているのが不思議です……。

飛雲閣をもう少しみてみることにします。一階には池から船で入る形式の船入の間、上段・上々段を設けた主室の招賢殿があります。また下段の八景の間、茶室憶昔席《いくじゃくせき》がありります。舟入の間は書院造の中門に当たり、ここ以外に正式な入り口は見当たりません。本来障壁画で飾られるべき上段床の間背面の壁が大障子となっている点や、上段が部屋の中心軸上になく北側に寄っている点が特異だといわれています。柱や長押は角材を使って数寄屋の手法は見られませんが、これら上段や上々段には数寄屋の趣きが濃厚です。招賢殿の背面から渡廊を介して西側に黄鶴台が建っていますが、これは浴室の機能を有しています。これは創建当初から飛雲閣と一体となって庭間建築を形成していたと考えられます。憶昔席の部分のみは建築年代が明確です。寛政七年（一七九五）に、茶人の藪内竹陰らによって増築されたものです。これら主室の南側には厨などが付帯しています。本来こうした火気使用エリアは廊下を介して別棟とすべきですが、ここでは主屋と一体化しており、本願寺飛雲閣成立時の事情の一端がうかがえます。

飛雲閣の二階の歌仙の間は、西側八畳の上段、東側十六畳半の下段からなっています。上段背面の壁には、一階招賢殿と同様に障壁画はなく窓が開けられています。隅には喫茶の用に供したものと思われる丸炉が切られています。下段三方の板戸の内外には御簾の下に三十六歌仙の像（現状は三十四歌仙）が華やかに描かれています。天井は金具に飾られた格天井で、その長押も格調高く打ち回されており、総じて御殿風の趣きが感じられます。二階へは八景の間横から上がる階段のほかに、厨からも上がれるようになっています。飛雲閣の三階は摘星楼と名付けられた八畳の広さです。長押は打たれておらず、天井も低い草庵風の意匠となっています（ただし天井は鏡天井）。奇木を床柱にした一畳の出床が設けられていますが、これは後補したものでしょう。各階の主開口部はいずれも北に開けられています。特に一階の書院が南側に全く開口部を持っていないので、書院造としては他に例がないといわれており、日本の住宅建築の原則からも外れているといわれています。このことが元々南向きであったのではないかとの推測を生んで、移築説の根拠の一つとなりました。元禄時代（一六八八～一七〇四）の状況を示すと考えられる一階平面図（本善寺所蔵）によると、北縁側（入り側）にある腰障子はなかったことがわかります。当初の北からの姿は、今より凹凸に富んで見えていたと考えられています。

飛雲閣は原則非公開なのですが、外観のみ期日を限って特別公開されています。また毎年五月二十一日の宗祖降誕会に室内に茶席（有料）が設けられます。金閣（鹿苑寺）、銀閣（慈照寺）と並んで「京《きょう》の三閣《さんかく》」とよばれることがあります。西本願寺境内には桃山文化を代表する建造物や庭園が数多く残されてあり、境内は平成六年（一九九四）に国の史跡に指定されました。同年十二月にユネスコの文化遺産に「古都京都の文化財」として登録されています。

⑺　西本願寺と聚楽第　②

　豊臣秀吉が贅を尽くしたという聚楽第《じゅらくだい》を一度見てみたいと思うのですが、現在は残されている文書や絵図を通して想像するしかできません。なぜなら聚楽第は建てた豊臣秀吉によって八年で取り壊されたからです。聚楽第は聚楽城、聚楽屋敷、聚楽亭《じゅらくてい》とも呼ばれ、正保期の小瀬甫庵の『太閤記』に聚楽第には「じゅらくてい」のふりがなが振られているそうです。そのため、当時は「じゅらくてい」とよばれていた可能性が高いといわれています。西本願寺は、元和三年（一六一七）の大火事でおおかたの建物が焼失してしまいました。飛雲閣の伝承に、徳川家康の許可を得て聚楽第の残片を集めて建てられたという説がありますが、このことを今日でも観光客に真顔で伝えているのがおかしいです。私は「どうして根拠のない伝承を、本山の職員が観光客に本当のように語っているか？」と疑問をもっています。それには豊臣秀吉という権力者に身をすり寄せ、本願寺の安泰をもくろんでいた実態が浮き彫りにされているようだからです。このような伝承の検証すら試みず吹聴しているだけかもしれません。「聚楽」の名前の由来は、記録書『聚楽行幸記《じゅらくぎょうこうき》』に、「長生不老の樂《うたまい》を聚《あつ》むるものなり」とあるところからきています。またルイス・フロイスの『日本史』に、「彼はこの城を聚楽（juraku）と命名した。それは彼らの言葉で悦楽と歓喜の集合を意味する」と記しています。そこで聚楽の言葉自体は、豊臣秀吉の造語でないかといわれています。

聚楽第は、一五八五年に豊臣秀吉が関白に就任した時に大内裏跡に建てた邸宅です。その広大な屋敷は京都御所の西側、二条城の北側あたりまであったという広いものでした。聚楽第の東西は大宮通から智恵光院通におよび、南北はおよそ一条通から下長者町通まであったといわれ、周囲を濠塁で囲み、今までにない豪華壮麗なものでした。この聚楽第によって、豊臣秀吉の威勢を天下に示したといわれています。秀吉は聚楽第で政務を行っていましたが、この場所に一五八八年四月に後陽成天皇が行幸しました。今までの研究によって解明されてきた聚楽第は、本丸を中心に西の丸・南二の丸及び北の丸（豊臣秀次増築）の三つの曲輪《くるわ》（土石の囲い）を持っていて、聚楽第の周りに堀を巡らせていた平城と考えられています。ただ国立国会図書館や広島市立図書館（浅野文庫）が所蔵する「聚楽古城図」には、本丸北西隅に「天守」の書き込みがあるので、天守があったのではないかという論議もされているそうで、その真偽が明らかになる日がくるのでしょうか。

聚楽第の屋根は金箔瓦が用いられていました。白壁の櫓や天守のような重層な建物を持つ姿が、江戸時世初期の「聚楽第図屏風」や「洛中洛外図」などに描かれています。聚楽第の周辺には、聚楽第と御所の間を埋め尽くすように建てられた豊臣秀吉直属大名の屋敷も全て金箔瓦が用いられていたようです。派手好きな秀吉は、黄金の城・聚楽第へ続く道まで金の町並みを作っていました。（時代が流れて一九九二年、ハローワーク西陣の立て替え工事の際に、本丸東堀後が検出され、本丸の建物に葺かれていたと考えられる金箔瓦約六百点が出土しました。黄金の屋根の話は本当であったのです。これらは二〇〇二年に国の重要文化財に指定されました）。

豊臣秀吉は長男の鶴松の死後に、甥の秀次を養子にして、聚楽第と関白を譲りました。しかし、一五九三年に実子の秀頼が生まれてから、秀吉の態度が豹変しました。これには秀次の態度に問題があったとの説もありますが、一五九五年に秀吉は、秀次に謀反の疑いをかけました。秀次を無理やりに出家させ、高野山に追放して切腹させています。しかも、秀次は三条河原でさらし首にされ、その首に見下ろされる形で秀次の妻妾、幼い子供たち、侍女、乳母ら三十九名が全て斬首されました。翌年の八月に、秀吉は近江八幡山城と共に秀次の居城の聚楽第を破却しています。秀次の痕跡を地上から完全に抹消しようとした秀吉に、人々は恐れをなしたといいます。聚楽第の殿舎の多くは伏見城へ移され、大徳寺唐門、西本願寺飛雲閣および浴室にその遺構があるといわれていますが、この真偽はいかがなものでありましょうか。こうして、贅を尽くし桃山文化を代表する建築物であった聚楽第は、豊臣秀吉によって造られ、そして八年後に壊されてしまったのです。

(8)　西本願寺

天正十九年（一五九一）、本願寺は豊臣秀吉から十万坪余りの広大な寺地の寄進を受けました。そこで、顕如は本山本願寺の寺基を、大坂の天満から京都堀川六条（現在地）に移転しました。そして親鸞の廟堂は徳川家康によって、慶長八年（一六〇三）に東山五条坂西大谷に移されて、現在の大谷本廟として完成しました。

後陽成《ごようぜい》天皇の勅許を得た徳川家康は、本願寺寺内の隠居所（御影堂と阿弥陀堂もあり）に隠居していた教如（顕如の長男）に、慶長七年（一六〇二）、

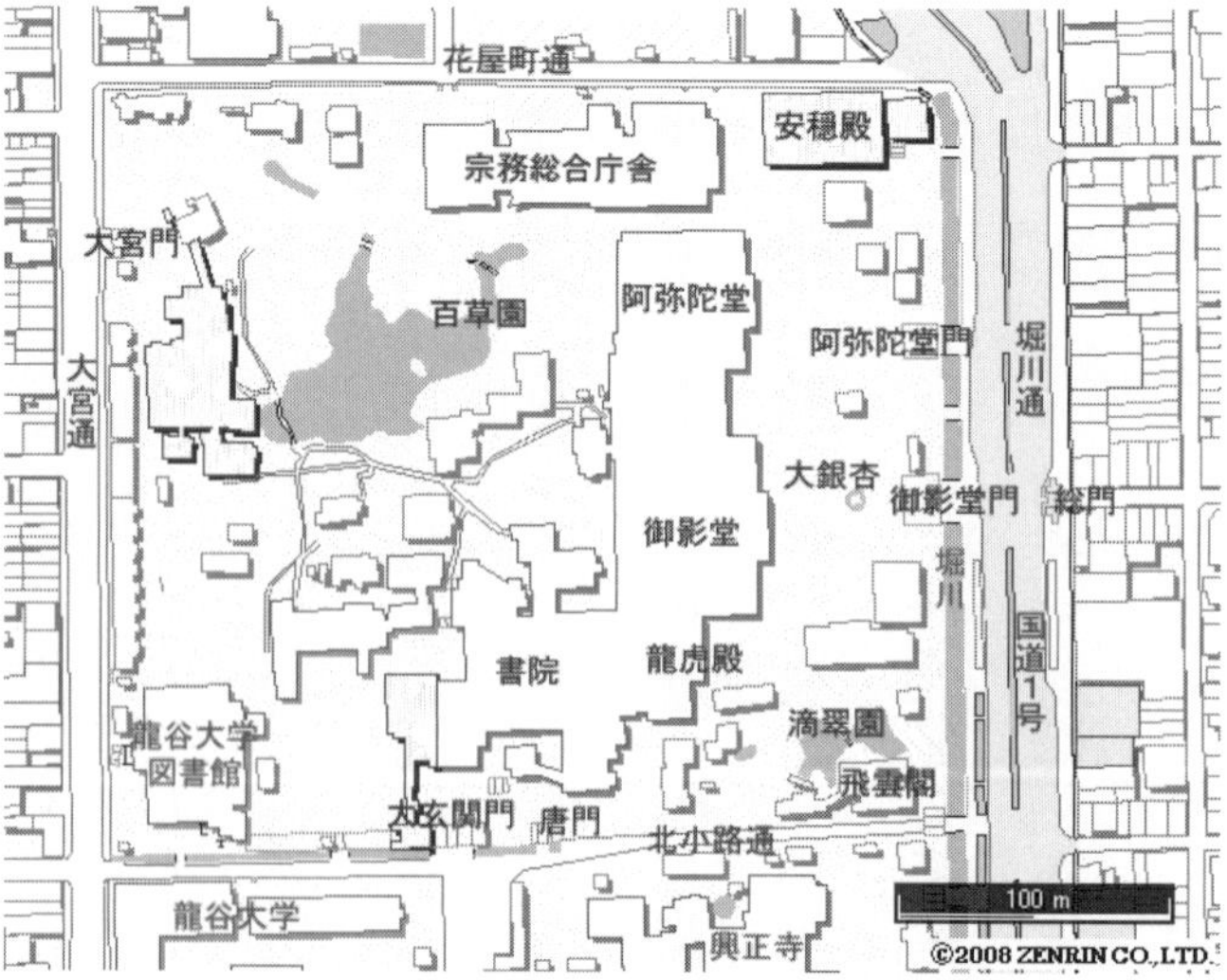

西本願寺俯瞰図より

烏丸七条に寺領を寄進しました。ここに慶長九年には本願寺と同様の御影堂と阿弥陀堂が建立されました。これで本願寺は正式に准如（顕如の三男）の西本願寺と、分派した教如の東本願寺とに分立したのです。江戸幕府内では准如に代わり教如を再び本願寺の法主にしようとの考えがあったのですが、本願寺を分立したほうが、本願寺の力を削ぐのに有効だという考えから分立させることになったということが囁かれています。しかし、教如は以前から自らの派閥を有しており、本願寺内部はすでに完全に分裂状態でした。准如の堀川六条の本願寺は「本願寺、六条門跡、本門、にしもんぜき」などとよばれていました。教如の烏丸七条の本願寺は「信浄院（教如の院号）本願寺、本願寺隠居、七条本願寺、信門（「信浄院の門跡」の意味）、ひがしもんぜき」などとよばれていました。堀川六条の本願寺の東側に存在していたので、烏丸七条の本願寺が東本願寺と通称されるようになりました。それと相対的に堀川六条の本願寺は西本願寺と通称されるようになっています。

幕末の元治二年（一八六五）三月、京都の治安を守る新選組が、西本願寺の境内の北集会所と太鼓楼に屯所を移しています。どちらかというと西本願寺は新選組と対峙していた勤王派であったのに、慶応三年（一八六七）六月まで西本願寺内に新選組の本拠地があったのがおもしろいです。現在まで西本願寺の境内地の面積に大きな変化があったという記録はないですが、明治九年（一八七六）に興正寺が独立したときに南境内地を割譲しています。宝永八年（一七一一）に南総門として作られた総門は、三回にわたって移設されました。それは、

①に明治三十一年（一八九八）に境内への類焼防止のために、堀川通側に池や緑地（風致園）を整備するための移設。

②に明治四十四年（一九一一）に池を埋立て広場として再整備するため移設。

③に昭和三十四年（一九五九）に堀川通拡張工事があったので現在地に移設。

なお、北総門は太鼓楼付近にあったのですが、今は吉崎別院に移設されています。また、新選組が屯所としていた北集会所は、明治六年（一八七三）に姫路の亀山本徳寺に移築されて本堂となっています。

西本願寺の北に日蓮宗大本山本圀寺《ほんこくじ》の境内が隣接していました。この両寺の間には道がなくてとても不便でした。そこで付近の住民の訴えで、費用を住民が負担するということで、島原から大宮通までで止まっていた花屋町通を、さらに大宮通から堀川通にまで伸ばす形で、新たに道路を作る工事が行われました。明治十五年（一八八二）に今の花屋町通が竣工しています。昭和四十六年（一九七一）に本圀寺が山科区に移転したので、昭和六十一年（一九八六）にその旧本圀寺境内地を、西本願寺が取得して新たに本願寺北境内地となっています。現在はその敷地を聞法会館と駐車場に使用しています。本願寺の寺基は移転してきて四百年以上にわたって移っていません。が、現在でも従来のように東本願寺と西本願寺という通称は、広く世間で使われています。

① 阿弥陀堂

天正十九年（一五九一）に本願寺は現在地に寺基を移しました。文禄元年（一五九二）に阿弥陀堂と御影堂の両堂が完成しました。ところが、寺基を定めてから二十六年後の元和三年（一六一七）に失火で両御堂と茶所が消失しました。『法流故実条々秘録』

に「阿弥陀堂は翌年に再建された」と記しています。現在の阿弥陀堂は、第十七世法如が親鸞聖人五百回大遠忌法要の記念事業に、宝暦十年（一七六〇）に建築したものです。南北四十五m、東西四十二m、高さ二十五mの巨大な建物です。御堂の中央に本尊の阿弥陀如来立像が安置されています。阿弥陀如来の右脇壇に龍樹菩薩、曇鸞大師、善導大師、左脇壇に天親菩薩、道綽禅師、源信和尚の六高僧の御影が奉懸されています。本尊に向かって左の余間には法如筆の法然上人の御影、右の余間には法如筆の聖徳太子の御影《ごえい》が奉懸されています。

② 両御堂を結ぶ渡り廊下

現在の御影堂（国宝）は、第十三世良如の寛永十三年（一六三六）に再建されました。南北六十二、東西四十八m、高さ二十九mの巨大な建物で、中央に木像の御真影様《ごしんねいさま》（親鸞の祖像）を安置されています。御真影様の左脇壇には歴代宗主の二幅の御影が奉懸されています。また、御真影様の右脇壇には亡くなった前門主の御影が安置されています。御影堂の本尊に向って右の余間に寂如筆の十字名号（帰命尽十方無碍光如来）と左の余間に九字名号（南無不可思議光如来）が奉懸されています。かつては御影堂の外陣の正面に「見真《けんしん》」の扁額が掲げられていました。この大師号は親鸞の生きざまを讃えた明治天皇から明治九年（一八七六）十一月二十八日に本願寺に贈られたものです。しかし、東本願寺は昭和五十六年（一九八一）の宗憲改正で大師号を廃止し、平成十九年（二〇〇七）十一月二十八日の宗制改正（二〇〇八年四月一日施行）で、「宗門成立の歴史とは直接関係ないなどの理由によって、親鸞聖人の前に冠していた見真大師《けんしんだいし》の大師号を削除する」ことになりました。西本願寺は平成十年（一九九八）の「浄土真宗の教章（私の歩む道）」に、見真大師の言葉を宗制から削除しています。この時点から西本願寺に見真大師の表現は消滅しています（私見　親鸞の生きざまを讃えた大師号を、どうして宗制の改正をしてまで使用禁止にしたのでしょうか?そもそも見真大師号は、明治政府に東西本願寺、専修寺、仏光寺、興正寺、錦織寺の真宗六派の住職が連名し、内願して明治天皇から贈られた諡号だと聞いています。東西本願寺の措置は親鸞に贈られた諡号に問題性をみてとってのことだといわれていますが、なぜ見真大師の使用を廃止になったかという説明が、未だに東西本願寺の宗政当局からされていません。僭越でありますが、なぜにこのような措置がされたのか大雑把に推測をしてみると、次のようなことがいえようかと思います。⑴に浄土真宗の教えからの問題点、⑵に浄土真宗の荘厳からの問題点、⑶に歴史上からの問題点という三点から、その理由を整理できそうです。⑴の問題は、国家が個人に贈る尊称の見真大師の勅額《ちょくがく》は宸毫《しんごう》を額装したものであるため、明治政府は勅額と名付けて下賜《かし》しています。一八八二年三月二十二日に宮内省から天皇の印璽《いんじ》の押印を受けましたので、明治天皇の宸毫をもとに製作された勅額であると認可を受けて、東西本願寺の御影堂の外陣正面に奉懸されていました。そもそも大師号はすぐれた業績の高僧に追贈した諡号《しごう》です。見真は『大無量寿経』(「五眼讃」)の「慧眼見真《えげんけんしん》　能度彼岸《のうどひがん》」が出拠です。この大師号は浄土真宗にふさわしいと主張しても、もとを正せば大師号を明治政府に教団が内願した経緯があるので、親鸞の大師号としてふさわしいと思うのは当然です。問題は国家が故人に贈る諡号であり、しかも勅額は宸毫による書き出しです。しかし奉懸されている見真額はその複製です。このことが問題となったのでしょうか。私にはよくわかりません。このような大師号が故人の生前の業績を評価し、明治天皇から賜った尊号として額装し奉懸することが、はたして浄土真宗の教えに照らして、しかるべき行為であったのかということが問題だったのではないかと想像されます。この大師号は死者の評価を身分・階級によった儒教式の位牌を彷彿とさせるものがあります。本来、浄土真宗における仏法上の名のりは法名（釈〇〇）です。これは社会的地位・身分・業績などとは関係なく、浄土真宗門徒であることの表明です。従って、東西本願寺が教団的課題とする法名を、社会的地位・身分に反映させてきた差別の歴史と決別し、本来の法名の名のりを願う立場からすれば、国家評価を受けた大師号は浄土真宗の教えに反するものであると考えるのはあたりまえです。(2)に礼拝施設である御影堂の儀礼・荘厳の問題として捉えていく時、勅額奉懸の在り方を問題とする場合です。見真大師という諡号を、明治天皇の宸毫から金泥文字で複製して金襴彫刻で額装していました。これを外陣とはいえ、御影堂の正面に掲げていたのです。この勅額にすべての人々が礼拝していたことを想像してみてください。浄土真宗に不必要な位牌を仏壇に置いたり、仏間の上部に浄土真宗の荘厳と関係がないものを掲げていたのですから、それはまるで仏壇の上に神棚や十字架をおいているようなものだという意見がありました。そして考えてみるべきは、大師号の宣下以前には御影堂には勅額がなかったことです。勅額を奉懸することは御影堂の荘厳や儀礼に反しているという見方でした。(3)に仏教史では大師号と勅額に特異な性格が感じられます。大師号は浄土真宗に限らず各宗に追贈された天皇からの諡号です。貞観八年（八六六）七月に清和天皇から最澄に伝教大師、圓仁に慈覚大師の宣下があったのが嚆矢です。現存の大師号宣下の原本は圓珍の智者大師が最古といわれています。円珍への大師号宣下によって、天台宗や真言宗が天皇諡号である大師を望んでいた事情が垣間見て取れます。平安時代以降、新しい宗派が形成された場合、宗派としての独立は、寺院としての本山は門跡寺院になることによって、運営組織を組み上げ、本山の住職は大僧正として、宗門の僧侶を育成しながら管理していました。ところが、教団成立期の本山は格も低くどこかの宗派の傘下に間借りし、宗祖とよばれる人でも僧侶としての位はそう高く評価されていませんでした。大師号は日本における寺院社会という身分差別のなかで、当初は新興勢力であった各宗派が、天皇から大師号を諡り名をされることによって、皇室を仏教教団の庇護者として推戴することが可能となりました。親鸞は流罪後には無位無官で非僧非俗の生活をしていました。また、寺院組織とは無縁に過ごした一生でした。こうした生涯をおくった親鸞への大師号だったのです。大師号を宣下した明治天皇を、あたかも浄土真宗教団の庇護者として推戴した勅額とも受け取れます。さすればそのような不要は取り除いて、本願寺の創建当時の荘厳に戻すことが大切だということから廃止あるいは停止ということになったのでしょうか。でも、当時の内局・総局関係者はその後に、崇敬していた先人たちの信仰心のよろこびをどう受け止めていたのでしょう。今からでも通常に見真大師という言葉が、会話に飛び交うようになってほしいです)。そういえば、見真大師の大師号は、本山でもお寺でもほとんど聞くことがありません。

なお、御影堂は北隣の阿弥陀堂(本堂)よりも大きく造られています。その理由として、「御影堂が阿弥陀堂よりも大きく造られているのは、本願寺が親鸞の廟堂として始まったためである」と、先哲が説明をしています。でも、一概にその理由だけではないでしょう。御影堂が阿弥陀堂よりも大きな造りとなっているのは、浄土宗と浄土真宗の大寺院の特徴といえましょう。これは、阿弥陀如来を安置する本堂よりも宗祖を安置する御影堂を大きく作り、宗祖の像を背景として、大勢の信者・門徒を相手に法話をする聴聞の場所としているためだからです。御影堂は寛政十二年(一八〇〇)から文化七年(一八一〇)までと、平成十一年(一九九九)から平成二十年(二〇〇八)までの二回の大規模な解体修理をしています。

③ 庭園

西本願寺には滴翠園《てきすいえん》（国指定名勝）と滄浪池《そうろうち》と名づけた池を中心とした池泉回遊式の庭園があります。その庭の南側に飛雲閣が建っています。一階は船で直接に入ることのできる舟入の間、二階は三十六歌仙の像が置かれた歌仙の間、三階は草案風の摘星楼と、変化に富んだ構造です。『慶長日記』の慶長十四年五月に「聚楽御城ノアトヨリ、御庭ノ石御引ナサレ候」（二十二日）という記事と、「御庭ノ石御ナオシナサレ候由被仰候て…」（二十七日）との記事があるので、この頃に滴翠園が成立したのではないかとの説が有力でした。が、精査すると丁度この時期に対面所の改築が進められて、慶長十四年二月十六日の『慶長日記』に「御対面所上段ノ間其他所々御作事ニ付」・同四月十八日「御作事ニ付御対（面）所・カミ様ノ御座所も、一々クツサレテ候て、イマタ立不申候ニツイテ」とあります。この築庭の記事は対面所の庭（虎渓《こけい》の庭《にわ》）に関するものと考えられています。

④ 鐘楼

北小路門で境内の南を通る北小路通に建てられている門です。西本願寺と興正寺の間にあります。

⑤ 書院（対面所及び白書院）

御影堂の南西に書院・対面所・白書院があります。これらは近世書院造を代表する建築の一つといわれています。入母屋造妻入り本瓦葺きです。平面規模は桁行（奥行）三十八・五m、梁行（間口）二十九・五mあります。南側の対面所と北側の白書院からなっていますが、両者は元来別々の建物でした。本建物を豊臣秀吉の伏見城の遺構と伝えていますが、これは信じるに足りない俗説です。実際は江戸時代に西本願寺が建てた建物でありましょう。対面所（国宝）の主室は欄間に雲と鴻《こうのとり》を透彫りにするところから鴻《こう》の間《ま》と呼ばれています。また、大広間とも呼ばれています。広さは下段で一六二畳、上段を含めて二〇三畳もあります。その天井は格天井です。襖と壁等の障壁画は、本願寺お抱え絵師の渡辺了慶とその一派の筆と推定されています。正面奥（北側）は東西方向に長大な上段としています。中央には大床《だいどこ》、左には帳台構を設けています。

上段の東には床高をさらに一段高めた上々段があり、ちがい棚と付書院を設けています。能舞台を持つ広庭に南面している広大なスペースがあります。無目敷居《むめしきい》による下段の三列二段の区画など、書院造から儀式空間の対面所に特化した書院造の姿をみせています。これは真宗の本堂建築を基本に、その内陣に代えて上段、上々段、帳台構など書院造の要素を付加したものだという指摘があります。この対面所の西側には控えの間で雀の間、雁の間、菊の間があり、北側には納戸二室を挟んで白書院がありま す。対面所は元和三年（一六一七）の火災で失われた対面所に代わって、火災の翌年の元和四年に再建された建築です。

当初は現在の御影堂付近に東向きに建てられていたのですが、御影堂再建に先立ち寛永七年（一六三〇）に、元和三年の焼失以前に対面所が建っていた現在地に移築されたみたいです。このことは昭和四十四年（一九六九）に行われた半解体修理の際に発見された小屋組の梁の番付墨書から確認されています。この移転と同時に西側に雀の間などが増築されたと考えられますが、後に安永六年（一七七七）に北側に別棟であった白書院を移築し対面所の北側に接合させたと思われます。東縁側に面して枯山水の「虎渓の庭」が設けられました。書院は原則非公開です。期日を限って特別公開が行われる場合がありますが、それ以外の時期の拝観には事前の許可が必要です。白書院（国宝）は西から東へ三の間、二の間、一の間、紫明の間からなっています。小広間とも呼ばれています。公の対面の場として使用されてきました。一の間には変形十畳の上段があり、床、付書院、帳台構を備えています。なお、対面所と白書院の三の間は、畳を上げると板敷きで、能舞台としても使用できるように工夫されています。

⑥　虎渓の庭

西本願寺の枯山水《かれさんすい》の庭園です。虎渓《こけい》は中国の江西省・廬山にある渓谷のことですが、御影堂の屋根を廬山に見立てて借景としているといわれています。慶長十四年に聚楽第跡地の庭石を運んで築庭されたと伝えられているのですが、その真偽は定かでありません。この庭は後の対面所の再建時に西部分がやや狭められています。なお『梵鐘々楼其他所々造営時日編輯記』（龍谷大学蔵）には「唐庭　大広間東方庭前ヲ云　伏水朝霧島ノ助ノ造（ｼに不）奥州松島ノ風景ヲ摸スト云」という記事があります。

⑦　北能舞台

西本願寺には書院（対面所及び白書院）の南北に能舞台があります。北側の能舞台は国宝です。北能舞台の正面は入母屋造りで、背面は切妻造りで檜皮葺きになっています。修理の時に天正九年（一五八一）の墨書が発見されました。これは懸魚《げぎょ》の裏に貼られていた紙（現在は亡失）に書かれていたもので、ただちに建立年世を示すものとは考えられません。本願寺の坊官を勤めた下間仲孝が徳川家康から拝領したとの伝えがあるのですが、正確な年代は不明としかいいようがありません。江戸時代初期にはあったことが確認できるところから現存する能舞台としては最古のものといわれています。

⑧　黒書院

黒書院（国宝）は明暦三年（一六五七）建立したもので、書院の北東に位置しています。その規模は桁行二十一・五m、梁行十三・九mで、寄棟造りでこけら葺《ぶ》きです。こけら葺きは主屋部分と庇部分に分けて二段に葺いています。白書院が表向きの接客空間で、金地障壁画や彩色透彫の彫刻などで意匠を凝らしているのに対して、黒書院は内向きの対面や接客に使用されていました。現在は門主の寺務や生活の場として使用されています。屋根は前者の瓦葺きに対してこけら葺きです。内部の意匠は水墨の障壁画、土壁、面皮柱、棹縁《さおぶち》、天井を用いた数寄屋風の造りとなっています。東側の一の間（十一畳）、西の二の間（二十畳）のほかに、広敷の間、鎖の間、茶室があります。一の間や二の間、茶室には狩野探幽の水墨画が描かれているそうです。一の間の床・棚・付書院なども草庵風の造りで、建物の東北隅の一部は床を張らない土庇《どびさし》で、外部空間を屋根内に取り込んでいます。黒書院は現在も門主の私的空間なので、非公開となっています。平成二十四年（二〇一二）十一月に初公開されたことがありました。

⑨　玄関と南能舞台

西本願寺の玄関は江戸時代前期の建築です。また南能舞台は日本最大です。

⑩　唐門

西本願寺境内の南側に唐門《からもん》があります。唐門は北小路通に南面して建っています。

境内東側の御影堂門、阿弥陀堂門がそれぞれの堂への入口であるのに対し、唐門は書院（対面所）への正門です。前後に計四本の控え柱をもつ四脚門形式で、屋根は檜皮葺きがしてあります。正背面は唐破風造りです。側面は入母屋造の向い唐門となっています。総漆塗り、各部各所を、中国の許由と張良の故事を題材とした極彩色彫刻と鍍金金具で装飾しています。日暮し眺めても飽きないとされることから日暮門の俗称がついています。場所によっては厚さ六十cmにもなる装飾彫刻の多くが、後に付加されたものだと修理のときに明らかになりました。金具の各所には桐紋と菊紋が打たれ、寺院の門としては華麗過ぎるところから聚楽第の遺構とも、伏見城の遺構とも、あるいは元和二年（一六一六）以降に荒廃が進んだ豊国社から移築されたものとも伝えられているのですが、その確証となるものは何一つとしてありません。ただ様式からいえば天正銘が発見された大徳寺唐門に比べて明らかに後の時代に属すると考えられています。その創建は慶長年間（一五九六〜一六一五）以降であろうかという推定がされています。これによって聚楽第遺構説は完全に否定されました。「元和四戊午年御堂其外所々御再興ノ記」の記録によれば、元和三年の火災の翌年、元和四年（一六一八）に御影堂門（一説には阿弥陀堂門）を御対面処ノ東に移築したとあるので、元和三年以前にすでに本願寺にあったことが確認できます。後に寛永年間初期の御影堂再建に先立つ一連の境内整備の際に、現在地に再移築したと考えられています。いずれにしても、この門が最初に本願寺に現れた年代や事情ははっきりとしていません。

⑪ 経蔵・太鼓楼

延宝六年（一六七八）に再建されました。扁額の転輪蔵は第十四世寂如の直筆で、経蔵には天海版一切経（大蔵経）六五六函と六三二三巻が納められています。太鼓楼は宝暦十年（一七六〇）に再建されました。幕末に新選組の屯所となっていました。また、御成門（重要文化財）は江戸時代後期に再建されました。

⑫ 阿弥陀堂門

阿弥陀堂門は、阿弥陀堂の正面にあります。また、茶所・手水舎・逆さ銀杏があります。逆さ銀杏といわれる境内の銀杏は、天明八年（一七八八）の天明の大火の際に、このイチョウは御影堂へ水を吹きかけて火災から守ったと伝えられています。水吹き銀杏とか火伏せの銀杏とも呼ばれています。

⑬　目隠塀と築地塀

目隠塀は江戸時代後期の築で、御影堂門を入ってすぐにあります。築地塀は実際に堀川が流れていました。しかし、現在の堀川は二条城の東側から暗渠となっているため、水は流れていません。

⑭　御影堂門と総門

御影堂門は本願寺の正門で、御影堂の正面にあります。また総門は堀川通を挟んで御影堂門の正面にあります。宝永八年（一七一一）に南総門として作られました。門扉と左右の控柱に瓦屋根をつけた高麗門とよばれる造りです。堀川正面交差点東にあり、いつも開門しています。なお、北総門は太鼓楼付近にあったのですが、吉崎別院に移設されています。

⑮　国宝

御影堂　阿弥陀堂　書院（対面所及び白書院）北能舞台　黒書院及び伝廊二棟　飛雲閣　唐門　紙本墨画親鸞聖人像（鏡御影）附：絹本著色親鸞聖人像（安城御影）・絹本著色親鸞聖人像（安城御影副本）『観無量寿経註』『阿弥陀経註』　熊野懐紙（後鳥羽天皇宸翰以下十一通）附：伏見宮貞敦親王御添状一巻　飛鳥井雅章添状一巻　三十六人家集三十七帖　後奈良天皇宸翰女房奉書一幅

⑯　重要文化財

玄関　浪之間　虎之間　太鼓之間一棟　能舞台（南能舞台）橋掛　浴室黄鶴台廻廊
本願寺七棟　経蔵　鐘楼　手水所　鼓楼　御影堂門　阿弥陀堂門　総門　御成門　目隠塀　築地塀三棟　本願寺伝道院

(9)　東本願寺

東本願寺は真宗大谷派の本山寺院です。本尊は西本願寺と同じ阿弥陀如来です。東本願寺の正式名称は真宗本廟《しんしゅうほんびょう》ですが、山号は不詳です。東本願寺は通称で、このよび名は西本願寺（龍谷山本願寺）に対して、東の位置に存在していることに由来しています。昔から「お東さん」と親しまれています。天正十九年（一五九一）、本願寺十一世の顕如は、豊臣秀吉から新たに寺地の寄進を受け、本願寺を大坂天満から京都堀川六条に移転させました。豊臣秀吉の命により本願寺の寺内に隠居させ

[東本願寺 境内図]

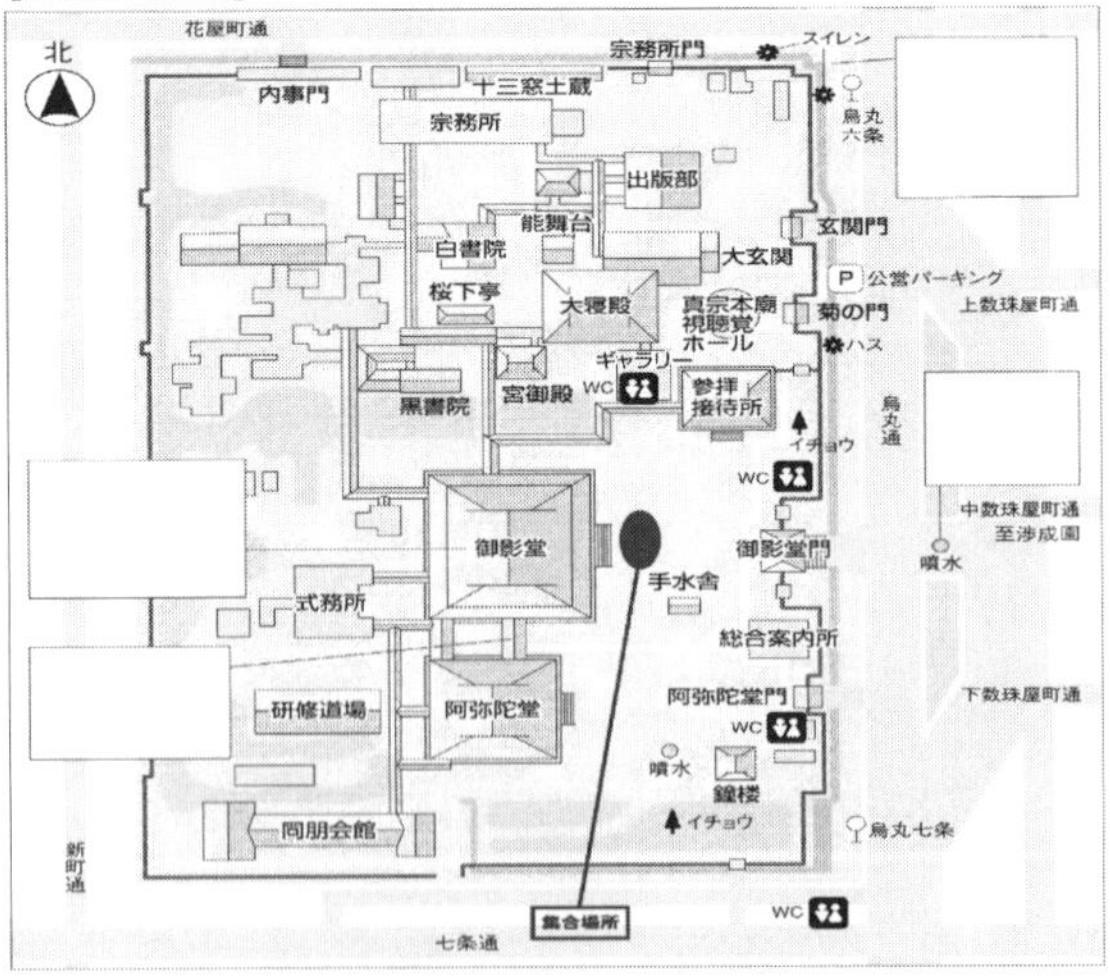

東本願寺俯瞰図より

られていた教如に、徳川家康から烏丸七条に慶長七年（一六〇二）に寺領が寄進されました。ここに本願寺は正式に准如の西と、教如の東に分立したのです。これは令和六年（二〇二四）の今から四二二年前のことです。江戸幕府内では、准如に代わり教如を本願寺の法主にしようとの考えもあったのですが、結局分立させることになりました。教如は石山合戦以来の自らの派閥（後の大谷派）を有しており、本願寺の内部はすでに分裂状態でした。

本願寺が分立した当初は堀川六条の本願寺は「本願寺、六条門跡、本門、にしもんぜき」などと呼ばれていました。教如の烏丸七条の本願寺は「信浄院（教如の院号）本願寺、本願寺隠居、七条本願寺、信門（「信浄院の門跡」の意）、ひがしもんぜき」と呼ばれていました。便宜上、堀川六条の本願寺の東側にある烏丸七条の本願寺が東本願寺と通称され、相対的に堀川六条の本願寺を西本願寺と通称されています。寛永十八年（一六四一）、三代将軍徳川家光から一万坪の土地が寄進されました。寄進された土地は東本願寺から少し東に行ったところであったので飛び地境内となっています。

その後、承応二年（一六五三）に石川丈山によって庭園が造られました。これを渉成園《しょうせいえん》（枳殻邸《きこくてい》）と名付けました。

万治元年（一六五八）、三年後の寛文元年（一六六一）に親鸞聖人四百回御遠忌があるため、それに合わせて老朽化していた阿弥陀堂・御影堂を再建しました。寛文十年（一六七〇）、親鸞聖人を安置する大谷祖廟が造立されました。延享二年（一七四五）に八代将軍徳川吉宗が、大谷祖廟に隣接していた長楽寺境内地の一万坪を没収し、そのまま大谷祖廟に寄進しています。天明八年（一七八八）一月の天明の大火によって両堂が焼失したのですが、寛政十年（一七九八）に幕府による用材の寄進もあって、阿弥陀堂と御影堂の両堂は再建されました。

文政六年（一八二三）十一月十五日、境内からの失火で両堂が焼失しました。しかし、天保六年（一八三五）、両堂が再建されました。ところが、安政五年（一八五八）、北の町屋の火でまたしても両堂が焼失しました。さらに三年後の文久元年（一八六一）、親鸞聖人六百回御遠忌が控えていたために、万延元年（一八六〇）には早くも両堂は仮堂ながらも再建されました。しかし、仮堂とはいえその平面規模は焼失以前の両堂と同規模であったといいます。不幸は重なり元治元年（一八六四）七月の禁門の変に伴なうどんどん焼きで東本願寺の両堂が焼失してしまいました。東本願寺は江戸時代に四度の火災がありました。その火災の多さから「火出し本願寺」と揶揄されたそうです。しかし、東本願寺が火元となったのは、文政六年（一八二三）十一月十五日の火災のみです。現在の阿弥陀堂と御影堂は明治十三年（一八八〇）に起工して、明治二十八年（一八九五）に落成した建物です。建築・障壁画等の製作には当時の第一級の職人が参加しています。

大谷派の最高規範である「真宗大谷派宗憲」（以後は「宗憲」という）には、「真宗本廟は、本山の本願寺（通称：宗祖聖人の真影を安置する御影堂及び阿弥陀堂を中心とする聖域）であって、本願寺とも称し、本派の崇敬の中心、教法宣布の根本道場である」と規定しています。しかし、お東騒動と呼ばれる内紛が起こりました。その結果、昭和六十二年（一九八七）に、「宗教法人（被包括宗教法人）本願寺（通称：東本願寺）」は解散し、「包括宗教法人 真宗大谷派」に吸収されました。そこで東本願寺は正式名称を「本願寺」から「真宗本廟」と改称しました。よって現在の真宗本廟は真宗大谷派が管理する礼拝施設等(伽藍)の総称で、宗教法人法による寺院ではありません。ゆえに真宗本廟に住職は存在していないのです。厳密にいえば本願寺と呼ぶ寺院は、浄土真宗本願寺派本願寺のみのです。そうですが、真宗本廟の通称として東本願寺の名称が現代も引き続いて使用されています。

① 阿弥陀堂

阿弥陀堂は禅宗様を取り入れた仏堂で、本尊の阿弥陀如来立像を中央に安置している東本願寺の本堂で、重要文化財です。阿弥陀堂の屋根は瓦葺きの単層入母屋造です。その建築規模は間口五十二m、奥行き四十七m、高さ二十九mの巨大な建物です。床面積比では御影堂の半分以下しかありませんが、全国屈指の規模の仏堂です。現在の建物は明治十三年(一八八〇)起工で、明治二十八年(一八九五)に完成したものです。阿弥陀堂内は内陣・外陣・参拝席の三つに分かれています。内陣の本間中央に須弥壇が設けてあり、その壇上の宮殿内に本尊・阿弥陀如来（木像の立像）が安置されています。また、本間右側の壇上には聖徳太子御影の絵像が、本間左側の壇上には源空上人御影の絵像が奉掛されています。内陣の本間から右側の余間を北余間とよんで、その床上に内側から龍樹大士・天親菩薩・曇鸞和尚の絵像が、左側の南余間の床上に道綽禅師・善導大師・源信僧都の絵像が奉懸《ほうけん》されています。なお、北余間には元々亀山天皇の天牌が奉安されていました。内陣の襖絵は羽田月洲と岸竹堂によって描かれています。

御影堂修復工事中は、阿弥陀如来像に向って右側に、御影堂より遷座した宗祖の御真影様を、仮の御厨子に安置していました。左側には蓮如の絵像・聖徳太子の絵像・七高僧の絵像（法然の絵像と六高僧の絵像）が奉懸されました。また、阿弥陀堂で御真影様を安置するために製作された仮の御厨子は、現在は府中刑務所の講堂の本尊の厨子として利用されているそうです。平成二十一年（二〇〇九）七月一日、御影堂を覆っていた修復用の素屋根をスライドして阿弥陀堂を覆いました。平成二十三年（二〇一一）

の「宗祖親鸞聖人七百五十回御遠忌」法要後、阿弥陀堂の修復工事が行われ、平成二十七年（二〇一五）十二月に完了しました。聞くところによると、このときに耐震補強もされたようです。

② 渡廊下

東本願寺の阿弥陀堂と御影堂をつないでいる渡り廊下は、「造り合い廊下」とも呼ばれています。明治の東本願寺再建に関連した毛綱、大橇、鼻橇、尾神嶽（尾神岳）、そして雪崩被災のジオラマが展示されています。

③ 御影堂

境内のほぼ中心に位置する和様で建てられ御真影様を安置している建物です。屋根は瓦葺きの重層入母屋造りです。外観が二重屋根であるため二層建築に見えるのですが、下部は裳階であるので単層建築です。建築の規模は間口七十六m、奥行き五十八m、高さ三十八mですから、建築面積は東大寺大仏殿を上回っています。現在の建物は明治十三年（一八八〇）に起工し、明治二十八年（一八九五）に完成したものです。堂内は阿弥陀堂と同じく、内陣・外陣・参拝席に分かれています。内陣は横に七つの室に分かれていて、中央の間を内陣本間とよんでいます。内陣本間側から、左側の余間を十字の間・九字の間・飛檐の間とよび、同じく右側の余間を六軸の間・新六軸の間・御簾の間とよんでいます。内陣本間の中央に須弥壇上を設け、その上に御厨子を置いて御真影様を安置しています。内陣本間の左右壇上には歴代門首の絵像が奉掛されています。平時は十字の間の床《とこ》上の中央に「帰命尽十方無碍光如来」の十字名号を奉掛し、その両脇に宗祖親鸞と現門首を除く大谷派歴代の絵像を二幅に分けて奉掛しています。九字の間の床上には、「南無不可思議光如来」の九字名号が奉掛されています。報恩講などの法要時は、奉懸される絵像やその配置などが変更になるそうです。内陣の障壁画と襖絵は幸野楳嶺と望月玉泉の作です。御影堂は大師堂とよばれていました。その由来は、明治九年（一八七六）に明治天皇から見真大師の大師諡号が贈られたためです。ですが、昭和五十六年（一九八一）に「宗憲」が改正された際に見真大師の言葉が削除されました。それと同時に大師堂の呼称が取りやめになっています。（この点は時代の風潮とはいえ東西本願寺の処置はおかしいと、個人的に思っています)。そして御影堂の呼称が復活したのです。

平成十六年(二〇〇四)三月から平成二十一年(二〇〇八)十二月にかけて大規模修復が行われました。総工費は約九八億円です。御影堂の瓦の枚数は一七五、九六七枚で、その内の三割は修復時の検査で合格した瓦を再利用して葺いているそうです。再利用した瓦(明治瓦)は風雨に晒されにくい裳階の奥側にて使われています。つまり「受平瓦」よりも奥に用いられているわけです。

④ 国宝

教行信証(坂東本)全六冊紙本墨書。正式名称は『顕浄土真実教行証文類』。鎌倉時代筆。真宗大谷派所蔵本は、もとは東京の坂東報恩寺が所蔵していたため「坂東本」とよばれ、現存する唯一の親鸞真蹟本の『教行信証』です。昭和二十七年(一九五二)に、国宝に指定されました。平成十六年(二〇〇四)三月、劣化の激しい同本を修復しています。

⑤ 重要文化財

真宗本廟東本願寺 二十棟(建造物) 御影堂 阿弥陀堂門 鐘楼 手水屋形 宝蔵 大玄関及び大寝殿 白書院 黒書院 宮御殿 桜下亭 能舞台 議事堂 表小書院 菊門 玄関門 寺務所門 内事門 十三窓土蔵(附指定)百間廊下(附指定)築地塀六棟
真宗本廟東本願寺内事三棟(建造物)が二〇二三年九月二十五日に指定になりました。
洋館 日本館 鶴の間

絹本著色親鸞聖人像(安城御影《あんじょうのごえい》) 鎌倉時代作。八十三歳の頃の影像とされています。西本願寺蔵の原本は国宝。紙本著色『本願寺聖人伝絵』(康永本)四巻は康永二年(一三四三)作。詞書《ことばがき》は覚如の筆です。絵の上二巻は康楽寺円寂、下二巻は康楽寺宗舜による筆です。紙本著色『本願寺聖人親鸞伝絵』(弘願本)四巻は貞和二年(一三四六)

作です。各巻末に「釋弘願」の法名が署名されているので弘願本と通称されています。詞書《ことばがき》は善如の筆です。鎌倉時代作の紙本『一念多念文意』は親鸞の直筆です。

⑥　国指定名勝　渉成園

国登録有形文化財　大寝殿　大玄関　菊の門　玄関門

阿弥陀堂門南側築地塀　御影堂門南側築地塀　御影堂北側築地塀

菊の門北側築地塀　玄関門北側築地塀

㈣　一向一揆

戦国時代に本願寺教団（一向宗）の信徒たちが起こした権力に対する抵抗運動の総称を一向一揆といいます。本願寺教団によって組織された僧侶、武士、農民、商工業者などによって形成された宗教的自治、一揆を総称している言葉です。本願寺に属している寺院、道場を中心にして、土豪的武士や自治的な惣村に集結する農民が地域的に強固な信仰組織を形成していきました。長享二年（一四八八）、加賀守護であった富樫政親を滅ぼしたことで、その勢力を世に知らしめました。戦国時代末期、織田信長などによって鎮圧されるまでは、各地に安定した豊かな町が築かれていました。一向一揆の本拠地とされた摂津大坂や伊勢長島、三河矢作川流域などは湿地帯であったことから推測して、高度な治水技術があったのではないかとの見方もされています。

反面、一向一揆を起こした寺院・僧侶らは世俗領域の領主・支配者に従わない政治的動きを示していました。織田信長が一向一揆に対して非戦闘員の虐殺を含めた殲滅戦を行った背景として、彼らが織田政権の宗教政策に対立する存在であるとともに、その活動が宗教者として失格であることを広く内外に示すためだったのではないかとする見解も発表されています。永正三年（一五〇六）、加賀一向一揆は他の一向一揆と共同で、越前の朝倉氏に攻め込みました。大規模な戦となり（九頭竜川の戦い）、これによって越前吉崎御坊が破壊されました。

永正三年（一五〇六）、朝倉氏が本願寺一向宗禁止令を出しました。大永元年（一五二一）、越後長尾氏が禁止令を出しました。天文二十四年（一五五五）、肥後相良氏が禁止令を出しました（相良氏法度）。元亀三年（一五七二）九月初旬に越中国尻垂坂（現 富山県富山市西新庄）において、上杉謙信軍が加賀一向一揆・越中一向一揆連合を破っています。

一揆の拡大によって武家政権の基盤を脅かされることを恐れた織田信長、細川晴元ら権力者は一向一揆と争いを展開しました。一向一揆は次第に戦国大名化してきて覇権を争うようにもなってきていました。しかし、天正八年（一五八〇）、織田信長との抗争に敗れた顕如が石山本願寺を退去した後は、本願寺の分裂騒動もあって一向一揆という名称が見えなくなりました。天正十年（一五八二）三月、加賀一向一揆最後の拠点であった鳥越城が落城し、一向一揆は終結しました。江戸時代に一向宗が薩摩藩と人吉藩で三百年にわたり禁教とされてきた理由は、一向一揆のゆえであったといいます。

㈤　御真影様

西本願寺に伝わる故実を集成編纂した『法流故実条々秘録』という本があります。本書は『真宗史料集成』第九巻や、『新編真宗全書』史伝編十に収録されています。『真宗史料集成』は残念ながら誤字が多いので、小著は親鸞聖人七百五十回御遠忌記念出版の『大系真宗史料』文書記録編13の儀式・故実を参照にしています。

東西本願寺の御影堂の中央に安置されている宗祖親鸞の祖像を敬って、特別に御真《ごしん》影様《ねいさま》とよんでいます。この御真影様の作者について諸説が伝承されています。西本願寺の御真影様は、『法流故実条々秘録』一の十に、

御本寺木像御真影様は九拾歳の御姿也、此御真影様に付、古来両様の義中中伝候、一説には聖人九十歳の御時、開眼なされ残置る、也 云々、一説には文永九年 御遷化十一年以後也 冬のころ、吉水の北の辺りに仏閣をたて影像を安置すと御伝記にあるにより、御滅後の真影也 云々、両儀共に有其拠《よりところ》也、但、弥女様へ御譲状に、せうあみた仏、東の女に譲渡すもの也とあるを御真影様之事と伝授あるに付て、前住上人 准如様 用初《はじめの》給也、

と記されています。同書の一の十一の貼り紙には「右、甚深秘伝也、卒爾不可口伝成也」とあります。第十二世准如は前説を採用したようなのですが、この根拠はまったくありません。それがゆえに、私はこの説を信じることができません。

『法流故実条々秘録』一の十二の貼り紙には、

東信浄院殿御真影様は、下総国上桑嶋（反古裏には猿嶋とあり）成然房妙安寺安置之御影也、八句余の御姿云々、年歴不知之　教如上人御別家　慶長七年歟　教如上人四十五歳之折節、妙安寺より乞迎られ、御尊体所々破壊なされ候を、御つくろひありと也、御頸巻等在之、当時、木像之御影は、右三体之外、天下に務之、

と、東本願寺の御真影様の縁起に触れています。これから推測すると、東西本願寺分立した当時に、坂東《ばんどう》報恩寺と西本願寺と東本願寺の御真影様の三体は、親鸞の彫刻したものだと公認されていたようです。坂東報恩寺の御真影様は七十五歳の親鸞、西本願寺の御真影様は親鸞九十歳、東本願寺の御真影様は親鸞が八十歳の姿だと伝えられています。

ところで、「御真影様さまの首に巻いている白い布は、何を意味しているのか」と、気になる人がいるみたいです。このことについて『法流故実条々秘録』一の八に、

> 聖人の御真影様に御頸にまかれ候物は、帽子と申物也　又頸巻とも申也、天台宗・律宗などに花田帽子《はなだぼうし》と云物の類也、裹頭《かとう》とは別也。但その類也、志の人のありしを、感じ思召し、常に御着服云々、反古裏にも古来度々尋本説是也云々、寛永六年五月、前住様准如上人於北の御所、御機嫌よく昔の事共御物語の次に、伺ひたてまつり候へば、御頸巻《おんくびまき》と申たるが能候也、或（関東御在国之中に）尼公進上申されし懇志を感じたまひ、常に御着用なされたると御意被成候き、進上の人（の名）。年歴等、古来知人無之云々、此御頸巻に付、種々の説申衆有之とみへ候。

と記しています。御真影様の首に巻いている白い布について、高僧の証と親鸞の権威を見せつけるように白い布をしているという説明をしている本があります。しかしながら、この白い布は、准如が言うように「首巻というのがよろしい」と理解するほうが正しい理解のように思います。

㈥　お東騒動の発端

世間を騒がした「お東騒動」の発端は、一九二四年から法主を務めていた東本願寺第二十四世大谷光暢《こうちょう》（闡如《せんにょ》）が、内局に事前の承諾を得ないで、「管長職を光紹《こうしょう》新門に譲る」と発表した事に始まりました。一九六九年四月二十四日、大谷光暢法主は突然に記者会見を開き、「管長の職を新門に譲る」と発表したのですが、このことを「開《かい》申事件《しんじけん》」と言っています。親鸞の血を引いている大谷家の当主は、いつの間にか法統の継承者・法主であると認識されるようになり、同時に本山・東本願寺の住職になり、さらに真宗大谷派の管長を兼ねるようになっていました。これは不文律みたいで三位一体といわれ、このなかの管長職だけを、長男の光紹新門に譲るというものでした。翌日の朝刊に「お東さんで管長交代」の活字が躍り、「今回の英断は宗門の前途に新風を吹き込む慶事である」とさえ解説を掲げた新聞もあったといいます。ですが、宗政を預かる訓覇《くるべ》信雄《しんゆう》内局にしてみれば、これほど異常な出来事はありませんでした。内局が問題としたのは、内局にはこの譲位問題についての事前の相談が一言もなかったことです。さらに、この開申《かいしん》が内事部から内局にだされたのが記者会見の直前であったことに問題がありました。通常は法主が会見する場合には事前に総務部に発表内容の写しが提出されるのが慣例でしたが、この日はそれがなかったのです。密封された文書を開封して初めて内容を知った内局の参務が、事の重大さに驚いているところに、記者会見がすでに始まっていたといいます。発表の仕方が異例なら、その形式も異例でした。譲位という重大問題は、内局と協議のうえに所定の手続きを経て発表されるのが筋であるべきでしたが、マスコミを通して内局の頭越しに、法主の意思が宗門外に公表されたのです。その開申は次のようなものでした。

開申――宗祖聖人のご本懐

惟《おも》うに宗祖聖人御誕生八百年と立教開宗七百五十年が目捷の間に迫れる今日、真宗教団連合の共同宣言が発せられ、真宗十派が結集し、その総力を挙げて現世の危機に直面し、時世の要請に応えんとする態勢となった。わが大谷派も宗祖聖人のご本懐を達成すべく、一致団結、さらに大きな前進を遂げねばならぬ時であると信ずる。ここに自ら決する処あり、この機会に管長の職を離れ、新門大谷光紹を推挙しこれに当たらしめ、相携えて現世社会における教団の使命を完とうし、宗祖聖人立教開宗のご本旨に応えんとするものである。よって新門の管長就任の手続きを直ちに実施することを示達する。

昭和四十四年四月二十四日

この開申について、内局は「管長は宗議会と門徒評議員会で推戴する」との宗規を楯に拒否し、大谷家と内局が対立しました。そして、真宗大谷派を二分する争いに発展していきました。これが東本願寺紛争の幕開けです。

東本願寺は江戸時代に「神君家康の御引き立て」の教団として何かと江戸幕府から特別な恩恵をこうむってきました。一方、朝廷の決めている格式は、西本願寺が東本願寺より上でしたが、実際はことごとく東本願寺に後塵を拝し、肩身の狭いおもいを味わってきていたといわれています。しかし、明治維新は両教団の立場を完全に逆転させました。元治元年（一八六四）禁門の変に敗れた品川弥二郎たち十数人の長州兵が西本願寺に逃げ込んだ時に、僧衣を着せるなどしてかくまい、幕府軍の目をくらまして落ち延びさせたことがありました。そんなことがあってか、勤王派とパイプをもっていた西本願寺は、いち早く勤王派に十数万両を献金し、明治維新政府の成立後には新政府の後楯《うしろだて》のある教団の地位を確保したといいます。これに対して東本願寺は徳川慶喜が大政奉還をしてからも、「門徒や僧侶で軍隊をつくり幕府軍の指揮下に入らせていただきたい」という願い出をしたことがありました。勤王派に敵対しないと決めたのは、明治元年（一八六八）に戊辰戦争《ぼしんせんそう》が起きてからです。時流に乗り遅れた代償は高くつき、維新政府への忠誠心の証しに二万両の軍資金と五千俵のコメを供出させられるなど、東本願寺は苦難のスタートを切りました。

さて渦中の東本願寺の大谷光紹新門は京都大学文学部史学科卒業後、アメリカのハーバード大学とコロンビア大学に留学経験をした華々しい人物でした。しかし、その身辺を取り巻いていた人物に問題がありました。というのは吹原詐欺事件《ふきはらさぎじけん》の主役として詐欺、恐喝などで起訴され、公判中の吹原弘宣被告が、頻繁に大谷家に出入りをしていたのです。光紹新門の周囲からは吹原は新門のブレーンと目されていました。

吹原産業事件の主役として、詐欺、恐喝などで起訴されていた公判中の吹原弘宣被告が、頻繁に大谷家に出入りしていたので、吹原は新門のブレーンと目されていたのです。吹原産業事件は三菱、大和両銀行から総額四百八十六億八千万円（当時のお金であり、現代に換算すると想像できない巨額です）を騙し取ったとして、東京地検特捜部に摘発された戦後最大級といわれている詐欺事件です。昭和四十四年（一九六九）五月十六日の読売新聞に「新門のブレーンに疑惑の人吹原、内局、宗議会が反発」という見出しで、社会面一面に次のように開申事件の内幕を報じています。

内局は三位一体の不文律が破られた理由を解明しなければならぬと調査を始めたが、意外なことに、吹原が光紹新門のブレーンとして四十二年ごろから宗政面にタッチしていることが、はっきりした。内局の調査によると吹原は東京本願寺（東京都台東区浅草）振興対策委員会（委員長光紹新門）の十一人の委員の一人となっており、新門が東京本願寺の住職でもあるところから新門に接近した。しかも吹原が果たしてきた役割は、関東地方での教義の普及を推進するという同振興会の目的とはかけ離れた宗政の実務であったという。たとえば東京本願寺の近くにある同寺所有の空き地約三千三百平方メートルを京成電鉄に賃貸していたが、四十二年秋にこの契約を更改するとき、同寺に入った権利金九千百万円に対する課税額をめぐって「吹原が東京国税局長と直接取引し、百七十三万四千円で話をつけた」（同寺から本山への報告文書）。また東本願寺横浜別院は本山財産管理委員会など正式の三機関の決定によって約二千平方メートルの敷地を二億円で売却、磯子区内へ移転することになり、いまの敷地内に予備校があったので、寺側は土地の売却に先立って立ち退き料三千万円を支払ったが、この二月、光暢法主が突然「売却についてはすべて吹原に相談して話を進めるよう」内局に指示したため、三千万円は払ったが土地はいまだに売れていない。これは売買の話を知った吹原が「二億円では安過ぎる」と法主に相場を教えたからだといわれている。

吹原の大谷家に対する食い込みはかなりのものでした。彼と大谷家との密接な関係を裏付けるような話が次々とでてきています。「吹原は一か月に一度くらいは智子裏方を東京に招いて歌舞伎などに案内している。銀座の洋品店で高価な物を買って贈るという話も聞く」と、内局のある役僧はいっていました。……たしかに吹原と法主、新門はただならぬ親しさであったといいます。「お上、裏方にピッタリと寄り添って離れない。内事で食事ということになると、お上のすぐ隣の椅子が吹原。一体どうなっているのか、と首をかしげることがしばしばだった」と、大谷家の一員がのちに当時を振り返ってもらしているほどの親密さであったそうです。

吹原は岐阜県内の真宗大谷派の寺院の生れで、一時は僧籍をもち、住職をしていたこともあったのですが、のちに還俗《げんぞく》して実業界に進んだといいます。吹原と大谷家の間にどのようないきさつから関わりができたのか。毎日新聞社発行の『宗教を現代に問う』第五巻に、吹原自身が次のように答えています。

長男の光紹新門から、大谷法主とうまくいかないので仲をとりもってほしいといってきたのが最初です。法主と新門は親子でありながら和がない。母親の智子裏方は自分の手元で育てた末っ子の暢道氏ばかりをネコっ可愛がりで、上の三人はままっ子扱いだ―、そんな家族の悪口を聞くことから始まったんです。そこで、ご法主夫妻、新門さんを招いて食事を差し上げたりした。新門さんがこの事務所へ来られたのは四十一年初め。だから大谷家との出入りはもう十年になる。ぼくはお寺に生まれた。大谷家のみんながよくなるように、それによって宗門がよくなるようにと思って、首を突っ込んだじゃったんすね。十年間、一銭も使わせず面倒みてきたんですよ。

このインタビューで吹原が明らかにしたところでは、接待費、車代、金一封など本願寺関係者のために使ったというお金は七千五百九十三万五千七百四十円だといいます。これを読んでいると、「世の中にはいろいろな人がいるが、はたして何の目的もなくてこれほどのお金をつぎ込むだろうか」という疑問がわいてきます。東本願寺は境内地などおよそ三十万平方メートル、別院の境内地など三十二万平方メートルの不動産を所有しているといわれますが、金額にすれば天文学的な数字になってくるはずです。内局が管長職の譲位を拒んだ背景には、東本願寺の不動産の利権を狙っているとしか思えない吹原の宗政への介入への危惧があったからに違いありません。また、吹原が、新聞記者とのインタビューで、「長男の光紹新門から、大谷法主とうまくいかないので仲をとりもってほしいといってきたのが最初ですね。法主と新門は親子でありながら和がない」との話は、東本願寺大谷家の事情を知っていないと理解できません。光紹は下に美都子、暢順、暢顕、須美子、暢道という三人の弟と二人の妹がいました。新門と父母との仲が今一つうまくいかないことが、新門の苦労に輪をかけていたといえる家庭の事情があったのか。養育は乳母まかせ、母乳で子供を育てない。そんな養育が母子関係をぎごちないものにさせたであろうことは想像にかたくありません。この母子関係を決定的にこじらせたのは新門の結婚問題でした。

その結婚問題の経緯を簡単に記しておきます。アメリカ留学から帰国した三十一歳の光紹新門には意中の女性はなさそうだということで、智子裏方の実家から元伯爵家の女性の名前が結婚相手にだされました。そこで帝国ホテルで見合いをして婚約が内定しました。この女性は当時女子大学の二年であったので、新門の希望で卒業を待って婚儀を執り行う運びとなっていました。その後二人は音楽会やスキーをともにするなど交際を深め、一九五七年に新門自ら新居の設計プランを立てていました。東本願寺の門信徒たちは予定通りに婚儀が挙げられるものと信じきって、その日を待ち望んでいたのですが、意外なことに、一九五七年十一月に新門がひそかに縁談を白紙にもどしました。交際を断絶したというショッキングな事実が、先に新聞報道されました。女性側に婚約解消を伝えたのは新門側近で、東本願寺内局にこのことを一切伝えられていませんでした。あわててその対応を協議したのですが、新門の婚約解消する決意は変わりませんでした。一九六一年春の宗祖七百回大遠忌法要に先立って、盛大な婚儀が行われるものと期待していた門信徒の落胆は大きかったといいます。この問題で誰よりも傷ついたのは婚約相手の女性であり、メンツをつぶされ、プライドを傷つけられたのは母親の智子裏方でした。智子裏方は実家からもってきた縁談を、父母に相談なく破談にした新門に対してわだかまりを抱くようになったといわれています。先ほどの吹原が「親子の間をとりもってほしい」と新門に頼まれたのが宗政に介入したきっかけだという証言は、あながち嘘ではなかったといえましょう。

さて、話をもどして、一九六〇年代の終わり頃から、法主に権威・権限が集中していた教団のあり方をめぐって激しい意見の対立がみられだしました。長い間に腐敗した教団に対する改革運動は明治期にもありましたが、戦後になってから、あるべき教団の姿を求めて真摯な住職たちから教団改革運動が提唱されてきました。とりわけ教団改革派の訓覇信雄が内局宗務総長に就任してから、「親鸞の教えによって寺が信仰の道場となり、門徒個人の信仰を得ることをめざした」同朋会を創始して、個人の信仰と本来あるべき寺院のすがたを求める教団改革運動が展開されてきました。訓覇宗務総長は徳川幕府支配の道具としかみえない寺請け制度・本末制度・檀家制度を批判して、現在も続いている寺の在り方からの脱却をめざしていました。それには清沢教学を模範とした東本願寺教団の「親鸞の精神にもとづく信仰生活と寺院の活動の近代化」を進めていました。ところが、同朋会の活動が盛んになると、大谷家と保守派との軋轢が目立ち始めました。ことに管長譲位事件（開申事件）で、両者の対立が表面化してきました。法主になる人は三つの職責を兼務しています。一つに東本願寺の住職、この東本願寺住職は代々にわたり親鸞の血筋を引く大谷家によってのみが受け継いできています。二つめには東本願寺を本山とし、全国一万といわれる末寺と一千万人といわれる門信徒を擁する宗教団体を、宗教法人法上「真宗大谷派」とよんでいます。東本願寺も各末寺もそれぞれに別個の法人格をもっていますが、それらをひっくるめた包括法人として真宗大谷派があります。包括宗教法人・真宗大谷派は人事・予算・教化など宗教上の実務を行いますが、その行政の最高責任者が管長です。この法人は国の機構と同じように立法・行政・司法の三権分立の建前をとっています。立法には全国の僧侶の中から選ばれた宗議会と、門徒の中から選ばれた門徒評議会があり、司法機関として審問院があります。宗務は必要な案件について管長に上申して、管長がそれを承認（東本願寺では允裁《いんさい》という）する形で行われます。三つめは法主。これは抽象的な存在で、信仰上の象徴です。その人を通して親鸞の教えを体得するのですが、わかりやすく言えば「生き仏」として存在していました。この三つを受け継ぐのは法主が兼務してきた東本願寺の習わしです。この開申事件は深刻化して、大谷大学の学生たちが、「親鸞の教えと相いれない法主制の廃止」を訴えた運動に発展しました。

訓覇総長の推し進めた教団改革は、教団内外にも大きな衝撃を与えています。東本願寺の内局は管長の後継者問題で大谷家と保守派と深い対立を生じてきました。訓覇内局はこの紛糾の責任をとって総退陣したのですが、退陣後も改革派の直道会を指導していたというのが実態です。そして訓覇信雄は数年後に宗務総長に返り咲きました。東本願寺を取り巻く事態はさらに深刻化してきました。それは本願寺所有地の霊園建設問題をめぐる事件が派生したからです。この問題には詐欺容疑の吹原弘宣被告が深く関与していました。法主による親政か、内局による民主的な運営かをめぐって、社会に注目されて、これから東本願寺は分裂していきました。当然ながらマスコミの話題となっています。この事件は旧態然とした法主側が内局に譲歩して収まりました。親鸞聖人御誕生八百年、立教開宗七百五十年の慶讃法要が翌年にひかえた昭和四十八年二月に、法主は長く続く紛争の火種となっていた開申を撤回すると表明しました。それは次のようなものです。

御誕生八百年・立教開宗七百五十年の意義深い御法要を直前にして、宗門の現状憂慮に堪えぬものがある。この際最も願はれることは、宗門の正常化ということでなければならぬ。この見地から去る昭和四十四年四月二十四日の管長譲渡に関する開申は、これを解消し願はくは、今日の重大な時機を自覚し和衷協力、挙宗一致の実を挙げるよう望んで止まない。とのことでございます。

昭和四十七年二月二十八日

内事部長　安居院《あぐい》憲美

宗務総長　星谷慶縁殿

この撤回表明は内事部長を通じて宗務総長に対する「お言葉」という形で示されています。実にあっけない事件の幕切れでした。法主の私設顧問として大きな影響力をふるってきた吹原は、「さんざん利用しておきながら、不当介入よばわりするとは坊さんにあるまじき姿だ」という捨て台詞を残して、宗政から身を引きました。東本願寺の宗政を熟知している人に聞いた話では、このような結末に至ったのは、裏事情があるらしいです。その方曰くには、「吹原は、最初は新門を前面に押し立てて、宗政への影響力を確保して利権を漁ろうと考えていた。しかし、開申の実現が困難であろ

う と見抜くと、新門を見捨てて、代表権をもつ法主にのりかえた。六条山投資に見合う成果をあげたので、本願寺から手を引くことにした」と。さあ、これで宗門一致して大法要を迎える体制は整ったかにみえました。だが、それは形だけであり、開申以来の対立は宗門に大きなしこりを残していました。しかも宗門のリーダーとしての法主に対する不信感は、もはやぬぐいきれないほどに深まってきていました。

ところで、現代では考えられないような東本願寺に関するエピソードが京都に残っています。戦前のことです。東本願寺新門の大谷光紹が道を歩いていると、「親鸞の子孫、皇族の親類」が歩いているということで、京都市電が停止したことがあるそうです。それは東本願寺法主の光暢夫人の智子《さとこ》裏方が久邇宮邦彦《くにのみやくによし》の第三王女で、香淳皇后の妹だったからです。智子裏方は昭和天皇の大叔母です。おそらくはこういうことから流れてきた噂話なのかもしれません。

また、京都をよく知っている人は誰しも疑問をもったことがあるかもしれません。京都駅を北に歩くとすぐに大きな伽藍が見えます。これが東本願寺ですが、大門とよばれる門を中心に高さ三十八ｍもある世界最大級の御影堂や阿弥陀堂が並んでいます。その前の通りを烏丸通《からすまどお》りといいますが、この通りは京都の町を南北にまっすぐに縦断しています。しかし､東本願寺の前だけが大きく弓なりにカーブしています。「烏丸線だけ、どうしてこんなにカーブしているのだろうか」と、誰もが不思議に思うのでないでしょうか。これは明治二十八年（一八九五）に日本初の路面電車敷設のときに、京都市の当局は「烏丸通りも市電をまっすぐに走らせたい」という意向であったのですが、東本願寺の威光をおもんばかり、道を曲げて市電を走らざるを得なかったといわれています。この訳は、大正十三年（一九二四）五月三日、大谷光暢は久邇宮邦彦王の三女智子女王と結婚しました。光暢は当時新門で、大谷大学の学生でした。智子女王の結婚当時の年齢は十七歳、婚約が整ったのはその五年前でしたから、智子さまの婚約は十二歳のときです。婚約と同時に京都に住まいを移し、府立京都第一高女卒業まで過ごしました。卒業と同時に婚礼でした。智子裏方は昭和天皇の皇后（光淳皇后）の実の妹なので、京都市電の逸話はこのような嘘のようなことからできた話なのでしょうか。そんな時代感覚があったのかもしれません。

東本願寺内では、光紹と光暢の親子は折り合いが悪かったみたいで、次第に光紹にかわる人物として、四男の暢道《ちょうどう》が台頭してきました。しかし、この暢道はいつも金銭問題を抱えて悩んでいたようです。そして光暢法主と息子の暢道による五億円（このとてつもない莫大な金額は、今日に換算するとどのくらいの金額になるのでしょうか？）手形払い出し事件が勃発して、東本願寺の金銭スキャンダルが再燃しました。戦前には光暢法主の営利事業の失敗で、東本願寺が借金を抱える事件がありました。再び莫大な手形不渡り事件が勃発して、これに関して、嶺藤亮宗務総長の内局と光暢法主・暢道の親子側とが激しく対立するようになりました。その結果として、あってはならない東本願寺の事務所がロックアウトされたのです。つまり東本願寺の敷地や施設が差し押さえられて、第三者に渡ってしまいました。この由々しき事態は、法主の独断専行から招かれたことです。法主を支持していた保守派は、この事態にあきれて、次第に議会でも劣勢になってきました。光暢法主は保守派の議員たちに何も相談せずに、宗政上の重要なことを独断で決め、いきなり記者会見で発表することが何度かあったみたいです。それに加えて相次いで表面化してくる法主の金銭スキャンダルに東本願寺教団の悩みは尽きませんでした。いわば訓覇総長が掲げた教団改革の運動によって、宗門全体を揺り動かす紛争が勃発したといえます。大谷光暢法主らによる巨額の手形乱発にからむ金銭スキャンダルなどの生臭い事件が相次いだために、世間からは本願寺の財産争いとみられたかもしれません。実はこの背景には真宗大谷派教団の路線をめぐる深刻な対立があったことを知っておかねば、この騒動の本質がみえてきません。

ついには光暢・暢道の法主親子は、本願寺を真宗大谷派から離脱するという、思いもしなかった通告を出しました。これによって親子は東本願寺の財産を自由に処分でき、末寺を引き入れて教団を無力化できると思ったのでしょうか。法主親子は詐欺師や悪徳会社に次々とたかられていたので、とんでもない借財に苦しんでいた実情があります。教団からの離脱宣言をしてから、ほどなくして法主親子は飛び地境内の枳殻《きこく》邸《てい》を第三者に権利委譲をしようとしていたのですが、事が発覚してしまいました。内局はこのことについて追及をするのですが、光暢法主は「これは本願寺の財産である。すでに本願寺と教団は無関係なので、教団がいちいちと関知すべきでない」とつっぱねる始末です。こんな態度の大谷家に対して保守派の議員たちはホトホトあきれて、ついには大谷家に関わらないようになったようです。嶺藤総長らの内局は、光暢らを裁判所で、その背任容疑を告訴しました。その結果は検察が光暢・暢道の側近を背任・横領容疑で逮捕したのです。そして法主も事情聴取を受ける羽目になりました。このようなドキュメントからこの内紛の行く末は決まったようなものです。司法は宗教問題に介入することに及び腰であり、東本願寺裏方が昭和天皇の大叔母であったので消極的であったのではないかともいわれています。ついに法主側は内局に和解を申し入れました。このような事件があり、次第に法主の権限が縮小されてきて、今日の象徴天皇的な門首の地位になってきたのです。光暢と智子裏方の逝去後に、長男の光紹が東京別院東本願寺を浄土真宗東本願寺派として独立しました。ここに真宗大谷派に二つの教団が存在するようになりました。そして東本願寺の新しい門首に業成《なりしげ》が選ばれたのですが、内局と業成の父暢順（光暢の次男）との間で再び確執が生じています。それは暢順が理事を務める本願寺維持財団が、内局に断りなしで京都駅前の土地を、近鉄百貨店に売却したことが問題になってきたのです。このことが決定となって、一九九六年に暢順と業成父子はそろって宗派からの離脱を宣言しています。これは第三の宗派の独立です。宗派に残った大谷家の継承者は三男の暢顕だけになったのですが、彼は象徴としての門首の地位を受け入れました。田原由紀雄の『東本願寺三十年紛争』によると、東本願寺の内紛は戦後の社会変化と深く連動していたことがわかります。つまり、この時代の風は江戸時代から続く家単位の宗教から個人の自覚による宗教へ移行しつつある時でした。また農村から都市部への人口がどっと流出している時代でもありました。今までの家制度が崩壊して、子供は家長から独立するという時代になりつつあった時だったのです。戦前の華族・爵位の無力化が顕著になっていた時代背景が、東本願寺の内紛と深く連動していたことがわかります。真宗大谷派の改革派は、次の二つの考えを示し教団の近代化を図ろうとしていました。第一に同朋公議の樹立です。これは教団の運営は、何人の専横をも許さず、本来的に同信の門徒・同朋の総意によるべきであるという考えを示しました。これは宗派としての真宗大谷派と、その構成者たる門徒が帰依処とする本願寺は、本来的に不可分一体のものであるという考えです。

一九六二年七月に、「同朋会運動」が発足したのですが、そのテーマは「真宗同朋会運動とは、純粋な信仰運動である」ことと、「家の宗教から個々人の自覚としての宗教へ」が掲げられました。（この問題意識は西本願寺とはレベルがまったく違っているように思います）「同朋会運動」が発足して、「真宗同朋会条例」が公布されました。宗派からの離脱宣言内局の教団の近代化への改革の動きに対抗して、一九七八年に門首の闡如は「私が住職をしている本山・本願寺（東本願寺）は、真宗大谷派から離脱・独立する」と宣言しました。

「同朋公議」「宗本一体」の考えに基づき、一九八一年六月に「真宗大谷派宗憲（宗派の憲法にあたる法規）」が改正されました。それは第一に宗派運営の権限が選挙により選出される議員の構成する宗派の議会〈宗議会〈僧侶の代表〉と参議会〈門徒の代表〉の二院制をとることに移りました。そして宗議会には参与会が、参議会には常務会が置かれるという議会制をおくこと。第二に従来の「法主」「管長」「本願寺住職」を廃止して、門徒・同朋を代表して仏祖崇敬の任にあたる象徴的地位としての門首をおきました。門首は内局の進達がなければ、宗務執行に対する権限を持てなくなりました。もしも門首が内局の進達事項を拒み進達を得ないで宗務に干渉したときは、内局は参与会と常務会の選定した門首代行を置くことを決定できるとまで踏み込んでいます。あえて強引な解釈をすれば「擬似天皇制」の形があった故に、宗派全体を擬似国家と捉えた場合、世俗の君主の天皇が大日本帝国憲法での主権者から第二次世界大戦敗戦後に象徴天皇制へと大きく変化しました。それに合わせているのでしょうか、東本願寺の門首は象徴門首制へと変わりました。

一九八七年には大谷派と包括・被包括の関係にあった宗教法人本願寺と真宗大谷派と合併しました。そこで法的に東本願寺は解散登記が実施されたので、真宗大谷派と一体になりました。今までの本山寺法は廃止されて、以後は東本願寺の正式名称は真宗本廟となっています。真宗本廟は同信同行の門信徒が宗祖親鸞の教えを聞信する根本道場・帰依処としての墓所の意味に変わりました。その後に御影堂門には「真宗本廟」の額が掲げられました。

この改革に対し保守派は、当時同派の東京別院東京本願寺住職であった大谷光紹（興如、大谷光暢の長男）を中心に、教学の構築・教団の運営は伝統的権威と権限とを有する法主を中心になされるべきであるとの姿勢を保ちました。この見解に賛同する末寺・門徒も少なくない状況でした。これらの人々は一九八一年六月十五日、大谷派における宗憲の改正と時期を同じくして、東京都知事の認証を得て、住職を務めていた東京別院東京本願寺を真宗大谷派から分離独立させました。そして一九八八年二月二十九日に、同寺を中心に賛同する末寺・門徒をまとめて、浄土真宗東本願寺派を結成しました。そして大谷光紹が東本願寺第二十五世法主に就任すると宣言しています。真宗大谷派の二番目の教団となった浅草別院の分離独立です。これとは別に、大谷光暢の

次男 大谷暢順（經如）（本願寺維持財団（現在の本願寺文化興隆財団理事長）が第三番目の教団として独立しました。光暢の妻・智子裏方を中心とした四男 大谷暢道（後の大谷光道（秀如））をそれぞれ支持する勢力が、同じく教団のあり方をめぐる意見の対立から、第四番目の教団として大谷派を離脱しました。

真宗大谷派の門首について

第二十四世 闡如（大谷光暢）の後継者は、新門である長男大谷光紹（興如）だったのですが、一九八一年六月十五日に、真宗大谷派から独立したので新門から外されました。孫（興如の長男）の大谷光見（聞如）が指名されたのですが、浄土真宗東本願寺派の新門に就任した為、一九八八年二月二十九日に新門から外されています。最終的に、闡如の次男大谷暢順（経如）の長男で当時十五歳の大谷業成（闡證。東山上花山本願寺第二十五世）が指名されました。一九九三年四月に闡如が逝去したので継承しました。しかし未成年であったので、門首代行に第二十二世 現如（大谷光瑩）の孫（闡教）鍵役が就任しました。一九九六年一月に、闡證は父経如と共に真宗大谷派から離脱しました。門首継承式をしていない闡證は、歴代に記録がないために門首継承の取消が決定しました。そこで新たな門首が決まるまで闡教が引き続き門首代行を務めています。同年の七月、闡如の三男である大谷暢顯（浄如）の門首継承が決定しました。同年十一月二十一日に門首継承式が行われました。浄如は正式に真宗大谷派第二十五世門首となりました。浄如には子息がいないため、新門は長年未決定でしたが、二〇一四年四月、浄如の従兄弟にあたるブラジル在住の大谷暢裕（修如）鍵役兼開教司教が就任要請を受諾しました。そこで修如は二〇一五年三月に帰国し、二〇二〇年七月に浄如より門首を継承しています。

(七) お東騒動《ひがしそうどう》の顛末

お東騒動は昭和四十四年（一九六九）に真宗大谷派でおきた同朋会運動を推進する改革派と、法主を世襲する大谷家と、その大谷家を擁護する保守派との対立からおきた前代未聞の事件です。私はこの紛争についていささか疑問をもっています。この紛争は真宗大谷派の教団の古い因習を打破し、宗教の新しい在り方を求める改革派と、親鸞の血筋を受け継ぎ教えと伝統を守る法主・保守派が、あるべき教団の姿をめぐって真摯に求めた宗教改革のはずでした。

ところが、この紛争にどうして巨額の宗門の財産が処分されたり、巨額な手形が乱発されたのでしょうか。それをめぐって保守、改革派の間で告訴と告発がどうして繰り返されてきたのでしょうか。もしかしたら、巨額の宗門の財産が不法に処分され、手形の乱発を隠すために、この騒動がセンセーショナルに報道されてきたのかもしれないと疑心暗鬼になります。改革派はたしかに当初、現代に生きる新しい宗教の在り方を求めようという真摯な動機から、教団の宗教改革をスタートさせました。しかし、この改革運動は途中から挫折したとみるほうが実態に近いように思えます。いや、日本の政治が同じことを繰り返して、実態は旧態然としているように、お東さんの問題ならず西本願寺も、根っこが修正できないまでに腐っており、根本は変わらず少しだけ形が変わってきているだけのように思えます。第二次世界大戦の戦争協力への反省からスタートしたこの運動は、やがて日本の新しい社会状況への対応を迫られることになりました。復興から高度成長へと経済が発展してゆくなかで、農村の青年たちは労働力として都市へ吸い上げられ、農村の過疎化、都市における孤独と失望の問題が派生してきています。この頃に池田大作に率いられた創価学会が、都市の青壮年を対象に熾烈な折伏運動を展開し、信者を著しい数に伸ばしたのに比べると、東西本願寺の改革運動は都市の青壮年を魅了する思想と言葉をもたず、日本の新しい社会状況に対応することができていませんでした。かたや、東本願寺は改革派の勢力拡大によって教団運営の権力を放逐された法主側が独自の財産つくりに着手しようとしていました。が、その過程で、普通には詐欺罪で捕まるような行為が次々と発覚しています。それは光暢法主の四男暢道とその参謀であった竹内克麿たちが、法主の権威と名を語り、東本願寺の財産を抵当にすることで、億単位の金を借り、なおかつ不渡り同然の手形を乱発していたのです。このことをつきとめた改革派は、「二人が乱脈の限りをつくせるのは、法主が財産処分を含めて強大な権限を握っているからだ」と、二人の行為を法主攻撃の恰好の攻撃材料に使っていました。この事態で奇妙なことが起きていることに気づきます。というのは改革派の攻撃が強くなればなるほど世事に疎い法主は、暢道と竹内を頼りにして、一層すがるようになってきていたからです。つまり、法主側近の二人の権限・権力はますます強くなってきたのです。東本願寺の紛争は一部の改革派と法主周辺の争いで、いわば宮廷抗争ともいえるものであったのですが、多くの僧侶と門徒はあずかり知らぬばかりか、紛争と実態と真相を知らされてさえいませんでした。このお東騒動の結果、真宗大谷派は大きく四派に分裂しました。この騒動は東本願寺内局の権力闘争、東本願寺の財産争いの問題が微妙に絡んでおり、やや揶揄した響きがあるかもしれません。「お東紛争、お東さん騒動、大谷派騒動」などといわれていますが、お東騒動の根本原因は、東本願寺教団の在り方をめぐる意見の対立だといえます。

この「お東騒動」の根底は近世社会の全く異なる方向性を持った二つの動きから起きた事件とみられます。すなわち、「この事件の背景には体制面に宗教的な権威者への伝統的尊崇の念に基づいた権限が集中していたこと。第二に教学（思想）への自覚を重視する方向性の高まりがあったことが指摘できます。東本願寺は歴史的な経緯もあり、親鸞の血筋を引いているというだけで、大谷家の当主が、「法主・管長・本願寺代表役員の三位」を一元的に継承・掌握しつづけてきました。長い歴史のなかで教団内での宗教的権威と強い権限を有するようになってきていました。まず大谷家が就任する法主は正統な教学・伝統の顕現者としての地位が周知されています。次に管長として「宗教法人真宗大谷派」の代表役員に世襲的に就任してきました。三に真宗大谷派の本山である「東本願寺と宗教法人本願寺」の代表役員に自動的に就任していました。当時は真宗大谷派とその本山の本願寺は包括関係にあったものの、法規上は別個の宗教法人として存在していたのですが、世襲した法主の大谷家が教団内では絶対的な権力をもっていました。そこで本願寺の財産を公のものでなく、あきれたことに私物化していたのです。その具体例に第二十二世法主大谷光瑩《こうえい》（現如）が絡んだ東本願寺借財整理があげられます。また現如の子で第二十三世法主の大谷光演《こうえん》（彰如）の破産・僧籍剥奪に発展した海外事業の失敗（「句仏事件」）がありました。この時期に法主にからんだ多額の債務や土地の売却益の不明朗な問題が表面化してきたのです。

振り返れば、明治時代に東本願寺の僧侶は清沢満之らの影響で個人の宗教的自覚を重視するようになってきています。東本願寺教団では近世的な個の形成に対応し得る教学思想の研鑽が早くから深められていたといえます。その一方で宗派の体制として宗教的権威者として伝統的に尊崇されていた法主を推戴し、そのもとに強い権限を集中させるように強化されていた一面がありました。日本神道における皇室の位置付けと同様な擬似天皇制の構図をはかって、法主の権力を一層強化させてきていたのです。これは西本願寺教団も同様の構図だったといえます。いうなれば、明治時代からの東西本願寺教団は、親鸞の血を引いているだけの大谷家に、宗教的権威の拠り所を求めていたといえます。東本願寺教団にこの体質が構築されて強化されてきたのは、江戸時代に緊密だった幕府との関係を払拭して、明治政府の政策に積極的に賛助することが大事だと考えてきたからだといえます。または数回にわたって焼失した東本願寺の堂宇を再建することが差し迫った課題であったからでありましょうか。第二次世界大戦後は近代的な教学思想の成熟期でした。当時の社会的変動への対応が東西本願寺に求められてきた時代といえます。そうして、次第に一部営利企業における血族支配と重なっているとみられかねない教団の体質・体制が問題視されてきたのです。必死に社会の悩みに対応しようとした東本願寺に比べると、社会の変化についていけない西本願寺の対応には、かなりの温度差があるよう感じています。「お東騒動」と称される真宗大谷派の対立構図は、近世日本における体制面と思想面の二つの動きが、同一宗派内において同時期に集中して展開した騒動だといえましょう。このお東の大騒動は必然的に表出したものでありましょう。

(八)　お東騒動の経緯

事の発端は、一九二四年から法主を務めていた大谷家第二十四世の大谷光暢（闡如）が、内局に事前承諾を得ないで、「管長職を光紹新門に譲る」と発表した事に始まりました。これはのちに「開申事件」と呼ばれ、東本願寺内部での対立の火種になりました。

改革への動き

一九六〇年代の終わり頃から、法主に権威・権限の集中する東本願寺の在り方をめぐり、激しい意見の対立がみられるようになってきました。真宗大谷派内部にあって改革派は、次の二つの考えを掲げて、当時の教団の在り方の改革を訴えています。

(1)同朋公議　教団の運営は、何人の専横をも許さず、本来的に同信の門徒・同朋の総意によるべきである。

(2)宗本一体　宗派としての真宗大谷派と、その構成者たる門徒が帰依処とする本願寺は、本来的に不可分一体のものである。

一九六二年七月に、「同朋会運動」が発足し、そのテーマとして「真宗同朋会運動とは、純粋な信仰運動である」「家の宗教から個々人の自覚としての宗教へ」が掲げられました。「同朋会運動」が発足して、「真宗同朋会条例」が公布されました。

宗派からの離脱宣言

改革への動きに対抗して、一九七八年に、闡如は、「私が住職をしている本山・本願寺は、真宗大谷派から離脱・独立する」と宣言しました。

改革の実施

「同朋公議」「宗本一体」の考えに基づき、一九八一年六月に、「真宗大谷派宗憲〈宗派の憲法にあたる法規〉」が改正されました。

① 議会制…宗派運営の権限が、選挙により選出される議員の構成する宗派の議会〈宗議会〈僧侶の代表〉と参議会〈門徒の代表〉の二院制をとる〉に移行されました。宗議会には参与会が、参議会には常務会が置かれました。

② 象徴門首制…従来の「法主」「管長」「本願寺住職」にかわり、門徒・同朋を代表して仏祖崇敬の任にあたる象徴的地位として門首が置かれました。これに門

首は内局の進達がなければ、宗務執行に対する権限を持たないこととされました。門首が内局の進達事項を拒み、進達を得ないで宗務に干渉したときは、内局は参与会と常務会の選定した門首代行を置くことを決定できるようになりました。あえていうなれば、前述の「擬似天皇制」の形があった故に、宗派全体を擬似国家と捉えた場合、世俗の「君主」の天皇が大日本帝国憲法での「主権者」から、第二次世界大戦敗戦後に日本国憲法で「象徴天皇制」へとその位置付けが大きく変更されたため、それに合わせての動きともとれます。

③

宗本一体…一九八七年に大谷派と包括・被包括の関係にあった「宗教法人本願寺」と「宗教法人真宗大谷派」とが合併され、本願寺は法的に解散登記を実施して宗派と一体のものとしました。「本山寺法」も廃止され、以後、東本願寺の正式名称は「真宗本廟」となりました。「本廟」とは、同信同行の門信徒が宗祖親鸞の教えを聞信する根本道場・帰依処としての、親鸞の墓所の意味です。これ以後に御影堂門に「真宗本廟」の額が掲げられています。

浄土真宗東本願寺派の独立

この改革に対し保守派は、当時同派の東京別院東京本願寺住職であった大谷光紹《こうしょう》（興如）（光暢の長男）を中心に、教学の構築・教団の運営は従来通り伝統的権威と権限を有する法主を中心になされるべきであるとの姿勢を保ち、この見解に賛同する末寺・門徒も少なくない状況でした。これらの人々は、一九八一年六月十五日、大谷派における宗憲の改正と時期を同じくして、東京都知事の認証を得て、住職を務めていた東京別院東京本願寺を、大谷派から分離独立しました。そして、一九八八年二月二十九日に、同寺を中心にこれに賛同する末寺・門徒をまとめて「浄土真宗東本願寺派」を結成し、大谷光紹が東本願寺第二十五世法主に就任すると宣言しました。

その他の動き

浅草別院の分離独立の後も、これとは別に大谷光暢の次男 大谷暢順《ちょうじゅん》（經如）（本願寺維持財団（現在の本願寺文化興隆財団理事長））・光暢の妻・智子裏方を中心とした四男大谷暢道《ちょうどう》（後の大谷光道（秀如））をそれぞれ支持する勢力が、同じく教団の在り方をめぐる意見の対立から大谷派を離脱しました。

真宗大谷派の門首

第二十四世　闡如《せんにょ》（大谷光暢）の後継者は、新門である長男大谷光紹（興如）でしたが、一九八一年六月十五日に、真宗大谷派から独立した為、新門から外されました。次に孫（興如の長男）の大谷光見（聞如）が指名されたのですが、浄土真宗東本願寺派の新門に就任した為、一九八八年二月二十九日に新門から外されました。最終的に、闡如の次男大谷暢順（経如）の長男である当時十五歳の大谷業成（闡證。東山上花山本願寺第二十五世）が指名され、一九九三年四月の闡如の死去を受け継承しました。しかし未成年であった為、門首代行に第二十二代　現如（大谷光瑩）の孫大谷演慧《えんねい》（闡教）鍵役が就任しました。

一九九六年一月、闡證は父の経如と共に真宗大谷派から離脱しました。門首継承式をしていない闡證は歴代に記録がされていません。即ち門首継承の取消が決定したのです。新たな門首が決まるまで闡教が引き続き門首代行を務める事も決まりました。

同年七月、闡如の三男である大谷暢顯《ちょうけん》（淨如）の門首継承が決定。同年十一月二十一日に門首継承式が行われ、淨如は正式に真宗大谷派第二十五世門首となりました。淨如には子息がいないため、新門は長年未決定だったが、二〇一四年四月、淨如の従兄弟にあたるブラジル在住の大谷暢裕《ちょうゆう》（修如）鍵役兼開教司教が就任要請を受諾しました。修如は二〇一五年三月に帰国し、二〇二〇年七月に淨如より門首を継承しています。

㈨　お東騒動（昭和二十三〜平成十年）の時系列

これから東本願寺騒動の流れを、タイムテーブルに拾って整理してみます。

一九四八（昭和二十三年）1・15　真人社結成

創立当時のメンバーは訓覇信雄、佐々木近衛、竹内良恵、蓑輪英章などの数人でした。

結成の宣言文

混迷が、その誕生を頑固にこばもうとしている。正しい思想の確立が日本を世界を憂慮する人々から切望されている。その焦点に、一切に先行するものとして、一切の根底たるべきものとして、宗教の真実性が厳粛に要請されているのである。この歴史的要請にこたえうるものは、今日に於て、まさしく親鸞によって開顕された真宗仏教であることを確信する。われわれはこの混乱の現実にあって、本願を自己に行信し、その世界性と社会性とを再確認することによって、あたらしい日本の誕生に、あやまりなき一道を開拓しなければならない。

真宗仏教の本姿を見失い、因習と堕気の中に安易な逃避をもとめる限り、かかる課題を解きうるものでないことはいうまでもなく、民衆の同朋教団たる真生命を歪曲する形骸の衣をいさぎよくぬぎすてぬ限り、自滅の道を辿ることは歴史の必然である。われわれは今こそ痛烈な自己批判に立って真実の行信を自他に開顕すべく、ひたすらに奮起することが刻下の急務である。ここに真人社を設立して、ひろく同朋同行のよしみを結び、今日に生きるわれわれの使命を悔いなく果たしたいと志願してやまない。

とあります。また、翌年の十一月十日の『真人』の社説に、

今日われわれの深い悲しみは教団の喪失である。しかも寺があり、檀家がある。因習の重圧であっても生命の開放であることを止めている。教員・吏員に流れつつある寺院子弟乃至住職たちのおびただしい現状は、寺院経済の破綻的な困窮から由来するも、根底的には教団の喪失を理由としている。寺院も宗団も挙げて如何に経営するかが第一義とされて居る事実が教団の死の表白である。—浄土真宗があるということは教行信証の厳存ということではないか。今日親鸞があるということは教行信証という教相があるということであろう。教学としての教相こそ教団の存在根拠である。教学が生きて居るというところに教団の生命がある。生きた教学があるところに教団の社会性がある。教学とは教団が社会的存在として立ち得る場所であると共に教団が社会的現実を負荷する場所である。教団が喪失したということは教学が涸死したということである。—教

学とは時代の苦悩を宗教的実存に於て負荷することである。時代の苦悩というところに教学の生命がある。

と、教団人がいだいていた理想と程遠く堕落している教団の実態に、悲嘆嗚咽しています。これは現在の浄土真宗教団にも通じている共通の嘆きではないでしょうか。喪失した教団はどうすれば蘇ることができるか。教団の在り方を問う教団論が真人社の大きな課題となってきて、一九五〇（昭和二十五年）の宗議会議員選挙では訓覇、佐々木、箕輪が当選しました。当時の宗議会はこの三人に新しく加わった五辻《いつつじ》実誠たちをあわせて六人でした。

一九四九（昭和二十四年）4・18〜25　蓮如上人四百五十回御遠忌法要

一九五一（昭和二十六年）1・25　暁烏敏内局成立

一昨年前の御遠忌法要で、当時の金額で三千万円もの赤字を出した。その後始末をめぐって宗政は混乱を極め、保守派は分裂し、目まぐるしく宗務総長が交代した。暁烏は清沢満之の直弟子であり、布教一筋に生きた求道者であったが、視力を失っていた。暁烏は募財の方法をたずねる教務所長に、「金を集める方法なんど聞くような人は信心がないのだ。四十間四面の大堂は念仏からわき出たものです。念仏がなくなったときは消えるのがあたりまえです。念仏がなくて金が集まらないときは潰れたらよいでしょう。心配はいりません」と答えたそうだ。暁烏内局のもとで、赤字のほとんどが解消した。

一九五二(昭和二十七年)1・24　末広愛邦内局成立

一九五六(昭和三十一年)2・14　宮谷法含内局成立

宗祖七百回御遠忌法要を五年後にひかえて、保革連立の挙宗一致の内局であった。宮谷は保守であったが、真人社の人材から教学局長に訓覇信雄、内務局長に箕輪英章を登用した。

一九五六(昭和三十一年)4・3　「宗門各位に告ぐ(宗門白書)」発表。清沢教学を初めて公認

宮谷内局は何度か内局を改造したが五辻実誠や佐々木近衛が参務に就任するなど次第に確信を強めてきた。宗議会選挙では改革派議員が定数六十五議席中、四十議席当選させた。

一九六一(昭和三十六年)4・14〜28　宗祖親鸞聖人七百回御遠忌法要

一九六一（昭和三十六年）6・26　宮谷内局辞任。満場一致で訓覇内局成立

一九六二（昭和三十七年）7・1　同朋会運動始まる

訓覇内局は僧侶も門徒も平座で仏法を語り合う聞法の会を中心として、浄土真宗本来の信仰の回復をめざす同朋会をスタートさせた。訓覇は言っている。「徳川三百年、檀家制度で生活を保障されて、僧侶は腰が抜け、寺は儀礼の執行機関に成り下がった。単なる儀礼の執行者が本当の宗教家といえるのかどうか。家康に騙されて三百年、いまだにその影響から脱することができない教団、祖師親鸞に背いた教団、これを一切衆生に対して開かれた教団本来の姿に戻す。親鸞の門徒だといっても、寺も門徒も親鸞の教えが何かわからんようになっている。運動はこれを自覚させようというんだ。宗門が時代、社会の要請に応える存在になり得るかどうか、今という時代に宗祖の精神を明らかにできるかどうか、すべてはこの運動にかかっている」と。

一九六四（昭和三十九年）2・10　臨時宗議会で、本山寺法の一部変更案（「法嗣は別院の住職を兼ねることができる」の一項を設ける）否決

新門の処遇にかねてから悩んでいた訓覇は、新門を東京別院東京本願寺住職に据え、首都圏開

教の先頭に立ってもらいたいという構想を打ち出した。これに大谷家も東京教区も異論がなかったが宗門の法規が大きなネックとなった。というのは本山直属の寺院住職は原則として法主が兼務するとなっており、例外として連枝が住職を務めることができることになっていた。法主でもなく連枝でもない新門を東京本願寺の住職にするために、「法嗣は別院住職を兼ねることができる」一項を加えて法的な根拠としようとした。これに対して新門は「法嗣の地位は規則に拘束されない。大谷家は超法規的存在である」と反発し、野党の保守派議員がこれに同調したために否決された。

一九六四（昭和三十九年）6・8　定期宗議会に本山寺法の一部変更案を再度上程一票差で否決

訓覇内局総辞職。蓑輪英章内局成立。（箕輪内局は訓覇内局の路線を踏襲して発足。新門の結婚式を挙行したあと、一年半で辞任した）

一九六六（昭和四十一年）1・29　訓覇内局成立。「運動の主体を教区へ」とする同朋会運動第二次五カ年計画を策定

一九六六（昭和四十一年）6・1　訓覇内局は定期宗議会で懸案の本山寺法の一部変更案上程可決

7・27　光紹新門、東京別院東京本願寺住職に就任

一九六八（昭和四十三年）　この年に訓覇内局は同朋会運動の実働体制を作るため、宗務機構の抜本的な改革を行った

一九六八（昭和四十三年）5月　「真宗カリキュラム」発表

一九六九（昭和四十四年）4・24　開申事件。光暢法主「管長職を光紹新門に譲る」と発表

5・8　訓覇内局は管長に「開申は内意を内局に示したものか」との伺書を提出。16日に法主から「開申は管長の意志を示したもの」と拒否の回答

6・3　宗議会上程予定の議案に允裁おりない

8・3　大谷大学教団改革評議会が、「法主制の廃止」を打ち出す

大谷家に対する初めての公然たる造反といえる大谷大学教団革新評議会の声明文

今回の事件は教団の近世化をめぐる側面もあるが、本質的には教団の批判根拠である信仰に立つ者と、そうでない者との角逐であると考える。近代化をめぐる側面とは、大谷家専制の教団にもどすか否かであり、本質的側面としては、教団を組織とみるか、信仰(浄土)を映そうとする場とするか否かの側面といえよう。我々は断じて、王権神授説を思い出せる中世に、わが教団を押し戻してはならず、信仰の焦りを組織至上主義の頽落態へ、おとしめてはならない。今回の事件で明らかされたことは、教団を大谷家の私有物と見る大谷家の教団観であり、血の問題が、法の問題をも越えて絶対視されるという、誤った宗門感情である。更に我々は、自ら発した事件に対しての各方面よりの質問に一切答えられぬという、法主殿、新門殿の姿勢に強い憤りを感ずる。我々はこれら現教団における非本来的なものを排除すると同時に、単なる教団改善、つまり機構としてある法主・管長を廃止改良するだけでなく、そのような教団の非教団性を生み出してくる。教団の体質、つまり教団に関わる我々全てが、自己の内にはらんでいる不純物を純化してゆくという、自己変革なしには、教団の変革はありえないことを確認しなければならない。清沢先生のあの苦渋にみちた教団革新の闘いの中から、我々に残された教訓即ち教団革新は、決して組織の変革にあるのでなく、教団に関わる人間の自己革新—変革—でなければならないという、先駆的遺産を受け継いでいきたい。以上の意味において、我々は教団の深義を回復し、わが真宗大谷派に固執するものとして、次のことを主張する。

一、真宗の教えからいかに弁証しようと、その必然性が見い出せない、宗憲における法主なる制度を廃止する。現実に法主という内実は、東本願寺住職として全うするところに与えられると思うから。管長は宗務行政について無答責とし、法に責任をもつ人として、俗務から解放する。

以上である。ここで改めて自らに問うてみよう。「真宗の教えからいかに弁証しようと、その必然性が見い出せない」とまで指弾された法主制とは何なのであろうか。

10・4　宗政特別審議会が、(1)宗派と本山の世表権を管長から宗務総長にに移す。(2)住職・法主以外の者が管長につく場合は任期を四年とする。などを骨子とした宗政改革案を答申

10・4　与党の直道会《じきどうかい》から十三人が脱会して、洗心会を結成

10・29　大谷家が枳殻邸渉成園で大園遊会を開催

10・30　光暢法主、管長推戴条例・本山寺法・宗務職制改定案の允裁を拒否

12・24　宗議会の洗心会、真和クラブ、無所属の議員が大谷議員クラブ結成

一九七〇(昭和四十五年)2・4　大谷家・保守派が巻き返しに成功し、「大谷家を中心とした念仏宗政」を掲げる大谷議員クラブが擁立した名畑応順内局成立

名畑は大谷大学学長をつとめた学僧で中立・穏健派であり、宗務総長指名にあたっては直道会も一応賛成にまわった。大谷家にとっては待望の保守政権の誕生であった。訓覇は去るにあたり、「仏教界は明治初めの体質を温存しており世間の動きに百年遅れている。直道会が選挙で負けた

ことより、宗門の近代化は十年は遅れることになるだろう」と言い放った。名畑内局の最初のつまづきは宗門裁判であった。真宗大谷派には宗門法規の定めに違反した僧侶の処分を審理して決定する司法機関の審問院がある。審問室と監察室からなり、審問室には七人の審事監察室には三人の監事がいる。

2・10　審問院監事が保守派の末寺住職の訴えを取り上げ、直道会の幹部十六人に、「仏祖に対して崇敬の念を欠き、宗門の秩序を根底から乱した」との理由で「訓覇前宗務総長はじめ直道会幹部を重懲戒（三年以上七年以下の役職停止処分）にせよ」という求刑をした

（もし求刑通りの重懲戒となれば、宗議会議員の資格を失い僧侶としての活動ができなくなる。保守派の直道会壊滅作戦であることは明らかである。この裁判と並行して「血液交換人事」とよばれる宗務職員の大人事異動が行われた。改革派の職員が配置転換されたり、休職となった。「これではまるで王政復古みたいである。ただとも提訴は撤回すべきだ」とする改革派の門徒たちの抗議運動が日増しにエスカレートし、ついに本山への抗議デモや内局との大衆団交にまで発

展した。結局訓覇らは無罪になったが、保革の溝はさらに深まったといえる)

7・17　三森言融内局成立

一九七一(昭和四十六年)3・11　六条山浄苑問題が表面化

六条山にある東本願寺所有の山林を切り開き、二万三千六百平方メートルを造成して納骨堂や礼拝堂を備えた大規模な浄苑を、造成費およそ二十億円で建設するというもの。真宗大谷派がこのような事業を行う時は、「本願寺責任役員会での審議、本願寺総代の同意、大谷派の参与会と常備員会の議決」が必要と本願寺規則にある。ところが、内部手続きがなされず、大谷光暢本願寺代表役員名で京都市に宅地造成と建築の申請が出されて、京都市は二月五日に許可した。三森宗務総長が議員総会で報告した時には土地の造成が始まっているという異常さであった。この造成計画は建設機材リース業者であったが、浄苑が完成すれば業者が本願寺に寄進するということである。この不可解な計画の黒幕は吹原であった。三森はもと大谷家尊重が信条であった。しかし、法主の独断専行に対する批判の声が高まるなか、今までの大谷家一辺倒の姿勢を変えて、法主に吹原との絶縁を進言し、工事の中止を求める要望書を提出した。これに対して法主は記者会見で、「手続き違反というが、かねてからの計画については内局に相談しており、手続きは内局が責任をもって行うという約束だった」と内局の豹変をなじるとともに、「内局の方から吹原氏に近づいておいて、今になって手を切れとは合点がいかない。吹原氏ほど宗門思いの熱血漢はいない。現在の三森内局は吹原氏の協力でできた。どういう神経で手を切れなどというのか」と吹原を全面的に信頼していると言い、将来も親密な関係を続けることを明らかにした。東本願寺の宗門は浄苑建設の是非をめぐって真っ二つに割れた。

6・4 門徒評議員会で法主の面前で、「法主をめぐる議論」が激論

宗門のなかで何かがこのあたりから変わり始めていた。法主をめぐる論議が、法主の目前で行われたことが前例がないことで、門信徒たちの法主を見る目が変わり始めている証しといえる。改革派の一人が「法主を生き仏視するよどんだ伝統からは何も生まれはしない。同朋会運動によって是は是、非は非とはっきりといえる自覚をもった僧俗が生まれたことが吹原の介入を排除し、開申の解消にもつながったのだ」と当時を振り返って言っている。

6・10　宗議会で六条山浄苑工事中止を決議

6・30　宗議会中に総辞職した三森内局のあとに星谷慶縁内局成立

11・21　六条山浄苑の経営主体を、東本願寺から真宗大谷派本廟維持財団」に移管

一九七二(昭和四十七年)2・19　直道会解散。新会派の同朋教団確立同志会を結成

2・28　法主、開申撤回を表明

8・19　星谷宗務総長が急死

9・14　鈴木悟内局成立

一九七三(昭和四十八年)1・15　名号ネクタイ事件発生

一九七二~三年ごろから法主の周辺で利権がらみの事件が起きた。例えば大阪四条畷市の本泉寺住職の若松晴によって起こされた事件。若松は真法念仏会を結成して、親鸞聖人御誕生八百

年慶讃法要の記念事業として、法主直筆の名号・南無阿弥陀仏を染め抜いた西陣織のネクタイを門信徒相手に売り出すことを計画したが、計画通りにいかなかった。東本願寺当局に「御名号入りのネクタイは、宗祖の尊厳を傷つける。ネクタイ販売のことは東本願寺も承知のことか」という問い合わせが続出した。当時の鈴木内局は慌てて「宗派とはまったく無関係」であるという公告を出し、法主自身も「直筆の名号はネクタイを売り出すために書いたものでない」と表明した。これで若松の計画は頓挫した。

4・1　親鸞聖人御誕生八百年・立教開宗七百五十年慶讃法要

7・9　保守派最後の末広愛邦内局成立

新門と吹原を結びつけたのは末広であった。開申事件当時の『教界評論』に、「一部で、兎角の批評を受けている吹原弘宣氏が光紹新門様と近い間柄にあるようだが、吹原氏は私の弟子格であり新門様にご紹介したのも私である。勿論私は濫りに無思慮に、新門様に接近せしめたのではない。それにはそれだけの見どころがあり、使いようによっては、新門様の為になると信じたからである。却々、才気煥発、機略縦横の男でその才能は用うべきところもあり、その献策には聞くべきところもある」と談話している。

12・12　宗議会議員選挙で、改革派の同朋教団確立同志会が過半数を制する

一九七四（昭和四十九年）２・６　末広内局が任期切れ目前に本願寺規則変更案をまとめ、京都府に認証を申請

この変更内容は、⑴本願寺の責任役員は従来は大谷派の宗務総長と参務であったが、これを住職と法嗣が選んだ三人の総代と二人の学識経験者とする。⑵本願寺住職の諮問機関「加談会」に参加する人の範囲を連枝まで拡大する。⑶責任役員としての法嗣がない時、または未成年の時は連枝から住職が選ぶ。というものであった。

２・８　臨時宗議会は嶺藤亮を新宗務総長に推挙

改革派が問題視したのは、宗門財産のほとんどが、東本願寺名義になっているという点であった。もし、竹内内局が提出した規則変更をゆるせば、宗議会や門信徒の意向を無視して、法主とその側近らによって、宗門の財産が自由に処分されかねないと危惧を抱いたのである。ところが、どうしても規則変更を実現させたい法主は、新総務総長任命の允裁を拒否した。前例のないことなので、門末が固唾を呑んでいるなか、大谷家と改革派との舞台裏の折衝が進んでいた。

4・10　二カ月の間、法主は拒否していた嶺藤内局を任命

4・16　嶺藤内局成立

4・16　嶺藤宗務総長は「総長の責任と権限で」、本願寺規則変更認証申請をとりさげる

一九七五（昭和五十年）6・5　参与会と常務委員会で本願寺規則変更認証申請書の破棄を決定

6・14　宗議会に宗務職制条例一部改正案「宗務職員の任免は宗務総長が行う」を上程

賛成多数で原案通り可決。改正案は身分制度を全廃して、審問院など、ごく一部のポストをのぞくものであった。

7・12　宗務職制条例一部改正は「管長権限を侵害する」として、法主が再議権を発動して宗議会に差し戻す

（十一月議会で可決）

9・15　大谷家の骨肉の争いが表面化。大谷光暢法主から本廟維持財団の二男暢順理事長に「財団理事長の退任を求める」内容証明が送られた

要旨は「宗門内外の空気を一新すべき時なのに、貴殿は各所で私の姿勢について著しく事実を曲げ誹謗している。本願寺を伝承する大谷家を代表するものとして財団理事長の職にあるのに好ましくないので、退任を求める」というものであった。暢順は光紹新門の後任として理事長に就任していた。四年の満期を控えていた矢先に、父から退任勧告状を突き付けられたのである。暢順は「私はお上の悪口など言ったことはなく、財団の運営は順調に進んでおり、辞めねばならない理由はない。法主の地位を利用した財団への不当干渉だ」と拒否した。法主は嶺藤宗務総長に退任勧告の協力を求めたが、総長は「大谷家内部の争いに宗派が関わるのは筋違いだ」と断った。

10・21　真宗興法議員団が結成。これに五十一人参加

一九七六（昭和五十一年）1・27　全国教区正副議長協議会が光暢法主に管長退位を勧告

2・27　「大谷の里」の建設計画と手形乱発が発覚

世間を驚かせる事件が表面化した。東京教務所を通して内局に法主が振り出した手形の真偽の問い合わせ舞い込んだのである。法主は本願寺の代表役員であるが、他の責任役員の同意なしに、手形発行などの債務負担行為を行うことができない。にもかかわらず、七通額面五億円にものぼる約束手形が、法主の名前で発行されていたのである。のちに法主らは「五億円の手形は、計画実現のためには先行して資金がいるなどと言葉巧みに近づいてきた詐欺師グループに騙し取られた」と、京都府警に詐欺事件として告訴する。が、改革派は額面通りには受け取っていなかった。なぜなら、この頃には大谷家にかなりの借財があることは半ば公然の秘密であったからである。内局はただちに「大谷の里計画は宗派とは無関係であり、債務負担行為にも一切関与しない」との公告を出した。

4・11　法主が嶺藤内局を解任、曽我敏を宗務総長事務取扱に任命

手形乱発事件の発覚からおよそ一か月半後に、法主が突然、内局全員を解任し、独自に法主派の内局を任命するという前世未聞の宗門クーデターが起こった。法主は記者会見し、「宗務総長は術策を弄し、門末の願いを無視してきた」との声明を出すと共に法主派の曽我敏を宗務総長事務取扱、責任役員代務者とすることを明らかにした。

4・14　法主、新たに三人の内局員を任命

4・15　宗門危機突破全国代表者決起集会。およそ四千五百人の僧俗が東本願寺に結集

ムシロ旗などを手に白州をうめた人々を前に、嶺藤宗務総長が現状の報告を行い、大谷大学の寺川俊昭は「過去七年間の管長の行為は全く宗教性がないばかりでなく、道義的頽廃の極みである。もはや管長、法主の役割は終わった」と述べて、大きな拍手を浴びた。集会は①宗憲によって成立した内局以外に認めない。②管長はただちに退位せよ。③内局は部外者の介入を排除せよ。

④混乱をこれまで大きくした責任は宗議会にもある。直ちに管長の代表権を全面的に停止し、当分の間、宗務の全権を内局に掌握させ、宗憲など内規の抜本的改正を断行せよ。との非常事態宣言を決議し幕を閉じた。

4・19 管長代務者設置され、嶺藤宗務総長が代務者に就任

宗門危機突破全国世表者決起集会の四日後、宗議会閉会中の重要事項審議機関、常務委員会、参与会は、「これ以上、管長の独断専行を放置できない」と、嶺藤宗務総長を管長代務者とすることに決めた。これは「久しきに亘ってその職務を行うことができない時は管長代務者を置く」という管長推戴条例の規定にもとづく措置であったが、実質的には管長権限の剥奪であったといえる。内局側は嶺藤内局の身分保全の仮処分を申請していたが、法主側はただちに管長代務者の職務執行停止の仮処分を京都地裁に申請し、この紛争は法廷にもつれこんでしまった。

5・15 曽我敏らが宗務所内に乱入し不法占拠

決起集会から一か月経った日に曽我敏とその依頼を受けた建設会社の作業員らおよそ二十名が

マイクロバス、ダンプ、乗用車に分乗して、宗務所に乱入し、警備員から寺内のすべての鍵を奪った。宗務所のすべての出入り口と窓はバリケードで封鎖された。法主と曽我敏連名の次のような「親告」が玄関や通用口に張り出された。

今般、種々の事情に鑑み東本願寺会館を閉鎖するに至ったことは誠に遺憾である。宗務一般事務員は現実を直視し、平静に次の指示あるまで自宅にて待機されるようここに通告する。尚、式務部・参拝接待所・大谷本廟部の職員は平常通り事務を処理すること。

真宗大谷派管長　本願寺住職　大谷光暢

宗務総長事務取扱　曽我敏

5・17　曽我敏たちロックアウトを解除し退去

曽我の弁護士から嶺藤宗務総長に、「ロックアウトを解除し、宗務所外に退出するよう曽我師を説得したい」という申し出があった。曽我が突然に退去を決めたのは、嶺藤内局保全の仮処分申請の決定に悪影響を及ぼすのではないかという判断からである。

5・25　京都地裁は内局側が出した「本願寺代表役員の債

務負担行為禁止」「内局の身分保全」「曽我内局の職務執行停止」、法主が出した「管長代務者の職務執行停止」の四つの仮処分申請を認める決定

6・9　嶺藤主務総長は「本願寺財産を宗門諸法規の定めを無視して処分した」と法主と四男暢道を背任と横領の疑いで京都府警に告発

6・9　管長の允裁がないまま、嶺藤宗務総長が管長代務者名で招集した定期宗議会が宗憲改正案を可決

この改正案の骨子は①宗派の代表役員を管長から宗務総長に移す。②十五条に「管長は本派を主管し代表する」とある全文を削除する。③「管長は内局の補佐と同意によって宗務を行う」を「内局の上申によって行わなければならない」と改まる。④管長の宗議会に対する拒否権ともいえる再議権条項も削除する。であった。これで宗憲にあった権力の二重構造を整理し、管長職の象徴化を明確に規定した。これに対して、法主側は「宗議会は管長である私の承認のないままに開いたものである」として、その議決無効の確認を求める仮処分を申請した。

一九七七（昭和五十二年）1・13 京都地裁、東本願寺の重文『御伝鈔』など十八点を差し押さえる

重文が借金の抵当として差し押さえられたのは、全国で初めてのことである。

1・21 嶺藤宗務総長、大谷の里にまつわる手形乱発などで、光暢法主と暢道を背任罪などで京都府警に告訴

4・15 同朋会運動十五周年全国大会

4・17 京都地裁が枳殻邸など二件の不動産の競売開始を決定

京都地裁は二通の不渡り手形のうちの一通をもつ債権者の差し押さえ手続きを認めて、東本願寺の別邸・枳殻邸渉成園の土地など二件の不動産の競売開始決定を下した。土地価格の鑑定などで実際の競売までには一年近くかかる見通しであるが、貴重な東本願寺財産が人手に渡ろうというのだからことは一大事である。これまで大谷家に同情的な人々も、法主と暢道をかばいきれない状況であった。法主擁護にまわってきた保守派議員たちも、ほとんどが光紹新門擁立に傾き始

めた。

6・4　門徒評議員会が「管長推戴取消し」を決議

12・13　宗議会議員選挙の開票で、改革派が定数の四分の三を超える五十議席確保

先の門徒評議員会が「管長推戴取消し」を決議した。宗議会で改革派が四分の三を超える議席を確保したことは、いつでも法主に代わる新管長の推戴を政治日程にのばらせることができるということを意味している。

一九七八（昭和五十三年）1・25　臨時宗議会で嶺藤を宗務総長に再選

2・17　嶺藤内局成立。光暢管長は任命を拒否

3・15　嶺藤宗務総長管長推戴会議の招集を発表

嶺藤宗務総長は「現管長ではとても宗門の正常化は望めない」と見極め、ついに管長推戴会議を開くことを決めた。嶺藤の決断を促すきっかけとなったのは、相次ぐ法主周辺のスキャンダルであった。

3・17　光暢法主が嶺藤宗務総長の得度を取り消すと発表

管長推戴会議の招集に対して法主は誰も予想しなかったので、「嶺藤総長の得度を取り消す」という強硬手段に出た。嶺藤宗務総長は「理由がよくわからない。もし、私の行動を教義上問題だといわれるのなら、それなりの手続きを踏む必要がある。個人の恣意によって得度取消しができるというのなら、宗門は混乱の極みに達する。このような無法な措置には全体に承服できない」と言い切った。この得度取消の発表に先立ち、法主は保守派議員を集め趣旨を説明して協力を求めたが、誰一人賛成した議員はいなかったという。保守派議員すら賛同しないようでは実効のほどは疑わしい。

3・26　管長推戴会議で竹内良恵が推挙される

推戴会議で議事は絶対多数を擁する改革派の筋通り進み、圧倒的多数で光暢の管長職解任を決議、改革派の竹内良恵を新管長に推戴した。

4・1　竹内管長が嶺藤内局を任命

6・3　宗憲改正委員会、宗憲の抜本的改正を中間答申

7・8　京都府警、法主と暢道を背任横領で書類送検

毎日新聞に「大谷法主ら書類送検　お東さん内紛　ついに法の手　不動産処分で背任　四男暢道師も共犯容疑」、京都新聞に「府警2年余ぶり捜査終了　手形乱発　寺に損害　財産処分所定の手続き経ず」という記事が躍った。各紙の報道から捜査に着手した京都府警捜査二課が二年以上も内偵を続けた結果、財産処分や手形の乱発が法規に定められた手続きを無視したものと裏付けられた。府警の調べでは大谷家の財産は前法主の彰如（句仏）の破産宣告のとき、これに伴う限定相続でほぼほぼが本願寺に帰属することになった。法主側が「もともと大谷家のものだ」という聖護院別邸は、到底に大谷家の私的財産とみなせるものでなかった。捜査幹部が法主から事情聴取した結果「法主は直接、間接に財産処分に関与しており、その秘書役として事件に関与した暢道師とともに刑事責任は免れない」として、書類送検に踏み切ったものである。

9・13　保守派の宗議会議員十一人が、宗憲の抜本改正に絶対反対を決議

10・1　金沢教区宗門興隆の会が「宗憲改正を阻止するため、本山への上納金ストップ」を決議

11・6　光暢法主、本山本願寺の真宗大谷派からの離脱と独立を宣言

11・8　枳殼邸の所有権移転申請が発覚

宗務所に京都地方法務局下京出張所から一通のハガキがきた。この月四日に行われた枳殼邸の土地の所有権移転登記申請について、申請内容が間違いないかどうかを確認するために本願寺代表役員、大谷光暢宛に送られてきた照会状であった。ことの重大さに仰天した職員から報告を受けた内局は事実関係を京都地裁下京出張所に問い合わせをしたところ、枳殼邸の新たな権利取得者として所有権移転登記を申請したのは京都市内のビル経営者の松本裕夫と同氏の経営する株式会社裕光とわかった。枳殼邸の土地はおよそ三万五千平方メートル、その三分の一を松本氏が、裕光が三分の二の移転登記を申請していた。嶺藤宗務総長は宗派離脱宣言の対策を協議するために招集した参与会と常備員会に報告した。両会ともに「離脱は断固阻止する。不当な土地処分に

反対し、法的手段を含めて対応する」ことを決めた。

11・9　本願寺寺務所の事務開き

11・13　無所属議員が「宗派離脱は法的に不備であり、枳殻邸の所有権移転登記申請も諸機関にはからずに行った不法行為」との見解を出す

11・14　宗議会議員総会で、宗門あげての正常化対策協議会を設けることに決定

11・17　法主と嶺藤宗務総長らのトップ会談

11・21　報恩講に光暢法主、暢道が出仕。最終日には光紹新門も出仕

12・1　嶺藤宗務総長、法主、暢道の父子と松本裕夫の三人を背任罪で京都地検と京都府警に告訴

12・4　嶺藤宗務総長、枳殻邸の所有権移転禁止の仮処分を申請

12・14　京都地裁は竹内新管長の代表役員としての職務執行停止を命じる判決

12・23　北陸連区有志会が法主を金沢市の専光寺に招き、(1)離脱宣言を支持、(2)嶺藤宗務総長の即時退陣、(3)宗派への上納金のストップなどを決議

一九七九(昭和五十四年)　1・8　京都地検、光暢法主に任意出頭を求め、枳殻邸をめぐる背任容疑で取り調べ。宗門に衝撃が走る

1・13　京都府警捜査二課が、法主と暢道、三池新二、松本裕夫の四人を枳殻邸処分に関わる背任の疑いで書類送検

2・21　光暢法主、東本願寺の宗派離脱認証申請書を京都府に提出するが受理されず、窓口預かりとなる

4・19　宗憲改正委員会総会で、宗憲抜本改正案を可決

6・19　東京別院院議会、宗派離脱を決議

6・12　井波別院院議会、宗派離脱を決議

7・13　長浜別院院議会、宗派離脱を決議

11・21　分裂した報恩講が始まる。未曾有の混乱となる

11・22　京都府の荒巻禎一副知事が府議会の答弁で「現状のままでは東本願寺の宗派離脱は認められない」と発言

11・26　松本裕夫名義の枳殼邸の土地三分の一が、株式会社近畿土地に所有権が移転

一九八〇（昭和五十五年）

3・26　光暢法主、昭和四十九年提出の本願寺規則一部変更認証申請書を取り下げ

6・18　嶺藤宗務総長が退陣を表明

6・20　五辻実誠内局が成立

8・15 竹内孝麿逮捕

孝麿の容疑は七六年六月、暢道が東本願寺山科別院の土地を担保に京都市内の不動産業者から受け取った額面一千万円の約束手形を預かっていたが、生活費や借金返済にあてるため、この手形を割り引き着服するなど、二回にわたり一千万円を横領したというもの。

8・24 岩井忠彦逮捕

孝麿は、暢道の居宅、聖護院別邸の処分にあたって法務局での登記手続きをし、一件書類を相手方に届けるなどを務めた。それに関わって金融ブローカーの岩井忠彦を共犯の疑いで逮捕。

9・4 竹内克麿逮捕

孝麿と岩井の自供にもとづいて、兄の克麿が逮捕された。聖護院別邸の処分にからみ、法主側に渡った金の一部およそ四百五十万円を着服した疑い。

9・25 竹内克麿再逮捕

京都地裁は五日の朝に克麿の自宅を捜索して多数のメモ類を押収した。二十五日には、二千二百万円の詐欺と横領の容疑で再逮捕した。

10・1　検察首脳会議、最高検、大阪高検、京都地裁、法務省の幹部が会議

10・1　京都府は法主が提出していた宗派離脱認証申請書を書類不備で差し戻すことを通告

10・6　法主側が五辻宗務総長に「話し合いのテーブルにつきたい」と申し入れ

これまでにも何度か和解の道を模索する動きがあったが、今回は決定的に状況が異なっていた。法主側は離脱の夢もついえて、暢道の身辺に捜査の手が迫っている。この時期に法曹界の重鎮がひそかに和解工作に乗り出していた。内藤頼博の姉が学習院初等科で智子裏方と同級生であった。法主の和解の申し入れは、内藤頼博の動きと連動しており、側近たちのその場限りの思いつきや思惑による話し合いの意思表示とは訳が違った。

10・15　京都地検が、暢道の居宅聖護院別邸を背任容疑で家宅捜査

五辻内局と内藤弁護士の双方がそれぞれに和解条件の検討を始めた矢先、宗門を震撼させた京都地検の捜査員が、暢道の居宅、聖護院別邸を背任容疑で家宅捜索を行った。

11・4　五辻宗務総長と法主側代理人の内藤頼博護士が記者会見して、和解成立を発表

内藤弁護士は京都市内で智子裏方、五辻宗務総長と相次いで個別に会談した。年ごとに孤立の色が深まる大谷家は、法主と暢道は常に裏方と相談しながら、すべてを進めてきている。内藤弁護士との会談で、大谷家の名誉と体面をどう保つか、裏方はこの点にこだわったと伝えられる。すでに京都地検は法主と暢道らを起訴するだけの資料を集め、暢道の逮捕もあり得る情勢であった。いつまでもメンツや建前にこだわっている場合でないので、裏方はギリギリの秒読みの段階でかつて嶺藤内局が出した三条件（①本来一体ではあるが、宗教法人法上、別法人となっている大谷家と本願寺を一法人化し、代表権を宗務総長に移す。②改革派内局が行った過去の宗政上の行為はすべて認める。③全国五十三別院の代表権は大谷家から宗務総長に移す）を受諾し和解に踏み切ることにした。しかし、和解の前提条件に、内局が法主父子に対する告訴、告発を取り下げること、そして、巨額の借財を肩代

わりすることがあった。五辻実誠宗務総長が、極秘裏に進めていた和解交渉の経過を嶺藤前宗務総長、古賀制二宗議会議長、藤井宣丸全国教区会正副議長協議会事務局長、岩田宗次郎門徒評議員ら内局の最高首脳部に報告したのは、十一月四日の朝であった。

11・8　竹内管長辞任。即時大谷管長名で五辻内局と宗議会議長らを任命

11・12　五辻内局は法主側との合意にもとづいて、京都簡裁に即決和解を申し立て

11・19　宗議会と諸機関が宗派と東本願寺の代表役員権を宗務総長へ移す規則変更を議決。内局は法主と暢道父子に対する背任罪の告訴、告発を取り下げた

11・21　報恩講が始まる

11・22　双方の代理人が京都簡裁にて、即決和解調書に調印して即決和解が成立

12・5 本廟維持財団が名称を本願寺維持財団に変更

一九八一（昭和五十六年）4・7 光暢法主、智子裏方、暢道から内局へ債務一覧表の確認書を提出

「大谷光暢、大谷智子及び大谷暢道は昭和五五年十一月二十二日京都簡易裁判所において処理するに当たり、別紙債務一覧表記の債務以外に債務の存在しないことを確認する」。債務一覧表に記された借財は、畠山忍氏に一億円、三池新二氏に約束手金形債務三〇八〇万円、約束手形金債務二二二〇万円、借受金債務に二五五〇万円、借受金債務二二〇八万円、松本裕夫ないし株式会社に四億一三〇〇万円、幡新也氏に三〇〇〇万円など十件七億二千三五八万円であった。内局は次々と債務の処理を進めてきた。その焦点が枳殻邸渉成園の借財である。金額が大きいが、万が一にも人手に渡ることになれば社会問題となる。内局は松本氏と裕光を相手取って、枳殻邸の所有権移登記の抹消を求める訴訟を起こしたが、これは一審京都地裁（八五年四月）、二審大坂高裁（八七年十二月）、ともに内局が勝訴した。最高裁は松本氏側の上告を棄却して内局の全面勝訴に終わった（九一年四月）。

4・25 光暢法主、定期宗議会招集の允裁を拒否

4・27 竹内良恵管長を管長代務者に選出。代務者名で宗議会を招集。法主は京都地裁に竹内管長代務者の職務執行停止の仮処分を申請するが、五月二十六日に却下される

6・6 宗議会で宗憲改正案を可決。ここで今までにない象徴門首制が実現

6・11 新宗憲公布。同日施行

6・12 新施行の内事章範に基づく初の継承審議会。東京本願寺の離脱認証の時点で、継承権は新門の長男光見新々門に移ることを決めた

6・15 東京都庁、東京本願寺の宗派離脱を認証

6・26 光見に新門と決定したことを通知

一九八二（昭和五十七年）3・1　審問院、暢道に重懲戒七年の判決

一九八四（昭和五十九年）3・5　国宝『教行信証』が蒸発する事件が表面化

内局の寺宝点検調査で、東本願寺に保管されているはずの『教行信証』『御伝鈔』などがなくなっていることがわかった。大谷門首（これまでは法主と呼んでいた）は「いずれも大谷家伝来のもので、所有権は大谷家にあり、手元で保管している」と説明した。所在確認の京都府教育委員会との面会は断っている。内局は京都地裁に「宗門の財産であることは明白である。大谷家の占有を解く仮処分」を申請して認められた。彰如が引退したときに残された債務は二百五十万円（現在では数十億円?）、この時に京都地裁は「相続財産では債務の完済は不可能」と大谷家に破産宣告した。

この時に大谷家と宗門財産は厳格に区別されて、これらの寺宝は宗門財産に繰り入れられて競売を免れた経過がある。文化財指定を受けたときも所有者は宗教法人本願寺として告示されている。「これを放置しておれば借財のカタとして外に流出しかねない」という文化庁の指導で、この寺宝は所有権がはっきりとするまで京都国立博物館に寄託されることになった。

3・5　五辻宗務総長が人心一新を理由に辞任。古賀制二内局が成立

11・20　離脱寺院の復籍が初めて認められる

一九八五（昭和六十年）10・22　光暢門首、智子裏方、暢道が記者会見し、和解破棄を宣言。京都地裁に「即決和解の無効確認を求める訴訟」を起こしたことを発表

和解契約は、大谷家の代理人として交渉にあたった内藤弁護士が独断で締結した。内藤弁護士は「和解項目のなかに、全僧侶、全門徒の最高位にある大谷光暢の地位を保障するとあるのは、具体的には、法主が従来通り、教義、信仰の成否を判定するとともに、宗派宗務総長の任命権を確保することを意味する」と説明したので、和解に同意した。新宗憲は和解の前提となる確認事項を踏みにじるものだ、という。古賀宗務総長は「約束はすべて守ってきたのに、どういうおつもりか。突然のことで誠に心外だ」と述べた。全国教区会正副議長協議会が、「現在のように報恩講にも出仕されないような状態が続くならば、門首代行を設置すべき」と決議するなど、和解後の門首側の動きに不満や批判の声が日増しに強まってきた。この和解の無効確認訴訟は、京都地裁の判決（一九八九年五月）で「門首側が言うような確認事項があったとは認められない。確認事項があると信じて和解に応じたとの主張も証拠がない」と、あっさり請求を棄却されている。

門首の借財は和解時点で七億千万円で、三億円は内局が門首に代わって支払っている。問題は枳殻邸の土地所有権がビル管理会社裕光に移転されている問題である。古賀内局はビル業者を相手取り、京都地裁に所有権移転登記抹消を求める訴訟を起こした。一九八五年四月二六日、地裁は「不動産の処分に必要な宗門の諸手続きがあることを知りながら、手続きがなされたかどうか、十分な確認をしなかった業者らに落ち度があり、移転登記は無効」であるという判決が出された。

一九八七（昭和六十二年）6・10　宗議会で宗本一体化を可決

12・14　宗本一体化を文部大臣が認証。「宗教法人　本願寺」を解散して、「宗教法人　真宗大谷派」となる

古賀内局は、宗教法人法上別法人になっている宗派（真宗大谷派）と本山（本願寺）を合併して、一つの法人にする宗本一体化に必要な規則変更案を、一九八七年の定期宗議会に一括して上程する。原案は可決された。宗本一体化は大谷家による宗門の私物化に歯止めをかけるねらいがあった。包括法人である真宗大谷派が被包括法人である本願寺を吸収合併するもので、これは内局の長年の懸案であった。門首が一九八一年に起こした代表権を宗務総長に移す規則変更の無効確認訴訟について、この年の二月に、最高裁が訴えを却下する判決を出したので、法的な問題点がなくなったとして実現に踏み切った。

一九八八（昭和六十三年）2・29　光紹新門が「浄土真宗東本願寺派を結成し、東本願寺第二十五世法主に就任する」と宣言

5・9　東京本願寺で光紹新門の浄土真宗東本願寺派法主就任の伝灯奉告法要

11月　浄土真宗東本願寺派の報恩講に光見新門が出仕

光見は浄土真宗東本願寺派の結成に伴い、「大谷派の新門と東本願寺派の新門を兼ねる」との意向を明らかにした。内局は「教義が違うといって東京本願寺を独立させておいて、大谷派の新門を兼務するなど道義的に許せない」旨を通知した。

一九八九（平成元年）1・12　光見新門の処遇について継承審議会を開催

重大問題なので慎重にと結論を先送りにして審議を打ち切る。

2・10 継承審議会を再招集して、新門として不適格との結論を出す。代わって長男の業成を新門として指名

光見の後任として、光見に次ぐ継承順位にあったのは門首の二男の暢順(財団法人本願寺維持財団理事長)を指名する方針が出されたが、最終結論は持ち越された。暢順と内局の話し合いは難航した。暢順は光見から新門の地位を剥奪したことを強く批判し、大谷家との関係改善、そして約三百にのぼる宗派離脱寺院の復帰などを提案した。三月二十九日の継承審議会は「暢順は新門として不適格」との結論を出して、その長男業成を新門に指名した。

4・11 細川信元内局成立

11・15 智子裏方が逝去

11・23 業成新門が報恩講に導師として出仕

12・1 智子裏方の宗派葬

大谷派は遺体もなく、門首ら遺族のほとんど欠席のまま、細川宗務総長を責任者に東本願寺御影堂で宗派葬を営んだ。西本願寺の光真門首ら三千人が参列した。

12・5　智子裏方の大谷家葬

東本願寺宗務所前の大谷ホールで、門首が喪主となって、大谷家葬が営まれた。光紹はじめ六人の兄妹、姪の池田厚子ら旧華族も出席。西本願寺から光照前門主が参列した。異例の分裂葬儀であった。ここで注目しておきたいのが、西本願寺門主が宗派葬に参列したことである。内局を宗門運営の正当な主体と認めていることを、宗門内外に示しているといえる。

一九九〇（平成二年）5・21　井波別院瑞泉寺で暢道を支持する「瑞泉寺を守る会」の門信徒が別院をバリケードで封鎖。宗派派遣の上野参務らの立ち入りを阻止

暢道が長く住職をしていた井波別院瑞泉寺に、内局は重懲戒七年の判決によって、暢道は同寺住職の資格を失ったとして、上野諦参務を特命住職として派遣した。

9・28　最高裁が即決和解の無効確認請求を棄却。内局勝訴が確定

一九九二（平成四年）4・17　本願寺維持財団、京都近鉄百貨店に貸していた京都駅前北側の土地を京近土地に売却したことを発表

一九九三（平成五年）4・13　大谷光暢門首逝去

4・14　内局は業成が門首を継承と発表

内局は「宗憲の継承規定に基づき、先に継承審議会で次期門首に指名されていた業成師が門首を継承した」と発表した。しかし、業成は十九歳なので「未成年のため、近く門首代行を置く」という。これを受けた記者会見で、暢順、業成父子は、「門首後継を受諾する意思がある」といい、同時に「葬儀は離脱した寺院も含めた宗門葬とし、光紹師を喪主にたててほしい」とも語った。本来は宗門あげて営まれるはずの光暢の葬儀は、真宗大谷派、光紹師、暢道師の三者が、それぞれ正当な葬儀の主催者であることを主張して三分裂して収拾がつかなかった。

4・16　暢道が「法主の地位は暢道に継承させる」との光暢の遺言書を公表。「故人の遺志を尊重して、第二十五世法主を継承する」と宣言

門首の遺骸は納骨を済ませると、東本願寺の白書院に安置して、弔問を受けた後に、御影堂に移すことになっていた。ところが、光暢の側近として最後まで行動をともにした暢道は、遺骸を

内事に安置したまま、内局側への引き渡しを拒否した。そればかりでなく、「法主の地位は暢道に継承させる」という光暢の遺言状を公表し、「故人の遺志を尊重して、第二十五世法主を継承する」と発表した。遺言状はB5の用紙四枚、故人が愛用していた引き出しの中から見つかったという。「六十七年にわたり親鸞聖人の血脈を継承してきたが、近年、大法を誤るもの後を絶たず」「暢道はよく予を助け、聖人以来の伝統を守っている」「大谷家の祭祀を主宰すべきものに指定」「予の全財産を相続せしむ」などが記されていた。故人の署名と捺印はあるが、正規の遺言書として法的効力をもたせるために必要な日付はなかった。光暢前門首の相続問題は遺族六人のうち五人までが、相続放棄を京都地裁に申請した。ただ暢道だけが相続手続きをとり、国宝『教行信証』の所有権をはじめとする諸訴訟を引き継いだ。

4・17 業成が二十歳まで門首代行に函館別院住職の大谷演慧を選出

真宗大谷派は業成が二十歳を迎えるまで、門首代行に函館別院住職の大谷演慧を選出した。遺言書については「真偽を問わず何の意味もない」と黙殺した。

4・21　光暢門首の宗派葬

内局は遺骸のないまま、御影堂で宗派葬を営んだ。細川宗務総長が責任者となって挙行したものであるが、約五千人が参列した。喪主は置いてなかったが、父の暢順と参列していた業成門首が遺族代表として喪主の席に座り、最初に焼香した。

4・22　暢道が喪主の内事葬

暢道が喪主となって内事で営んだ葬儀の参列は約五百人。天皇、皇后、常陸宮から花が飾られ、池田厚子ら親族が焼香した。大谷演慧門首代行は個人の資格で参列したが、暢順、業成門首も、光紹も姿をみせていない。

4・27　光紹が喪主の東京本願寺葬

光紹が喪主となって営まれた。暢順はこの葬儀にも出席した。兄弟のなかでただ一人、三つの葬儀にすべて出席したのは三男暢顕だけであった。

11・23　業成門首報恩講に出仕

一九九四（平成六年）1・14　能邨《のむら》英士内局成立

3・25　京都地裁、『教行信証』などの寺宝の所有権は宗派にあると判決

一九九五（平成七年）4・15　財団は新納骨堂建設計画を中外日報紙上で発表。工事に着手

11・15　財団が宗派に「一億円の助成金の返還」を求め訴訟を京都地裁に起こす

12・7　内局は「新納骨堂の工事即時中止」などを求め内容証明を財団に送付

12・15　内事会議は「連枝としての身分を暢順から剥奪すべき」と答申

一九九六（平成八年）1・9　財団は報道機関に、十二月七日の申し入れを拒絶する声明を発表

1・31　暢順が記者会見で業成らとともに宗派を離脱すると発表

声明文、「昭和六十三年に本願寺が宗派に吸収合併されて以来、内局の専横が甚だしく、教化の仕事がなおざりになっている。二年後には蓮如上人五百回御遠忌を迎えるのに、このままでは将来に展望がない」というのが、離脱の理由である。

2・1　宗議会で能邨宗務総長は離脱を追認

2・5　暢順父子らが宗教活動の拠点とする本願寺仮御堂が完成

2・9　暢順父子、離脱表明後の記者会見。門首の呼称は門主と改め、業成門主を押し立てて東山浄苑を拠点に教化活動を行うと発表

2・13　内事会議は「暢順、業成、実成の三師を僧籍から除籍」することを答申し、三人の名前を真宗大谷派の僧籍簿から削除

2・13 継承審議会は「当面は新門首を立てず、宗門の世論の行方を見定めたうえで新門首選定に入る」ことを確認

2・17 参与会と常務会は新門首が選定されるまで、大谷演慧を引きつづいて門首代行にあてることを決定

2・19内局は宗派が財団に貸している東山浄苑の敷地七万五千平方メートルの賃貸借契の解除を通告。京都地裁に「浄苑の建物を撤去し、更地にして土地を明け渡すよう」に求める訴えを起こした

7・30 継承審議会が三男暢顕を新門首に指名

7・31 暢顕第二十五世門首に就任

9・20 暢顕門首が京都宗教記者会と記者会見

11・21 真宗大谷派・東本願寺で七十一年ぶりの門首継承式

一九九八（平成十年）４・15〜25　蓮如上人五百回御遠忌法要

(十) お東騒動の後日譚

「このお東騒動は一体、何だったのだろうか」と思っています。法主と保守派対改革派の紛争でありますが、その間にドロドロとした権力と財産をめぐる争いが入り込んで、実に嫌気がさします。戦争協力への反省からスタートした改革派の運動は、やがて現代人が抱える苦悩への対応を迫られていました。戦後復興から高度経済成長へと経済が発展していくなかで、農村の青年たちは労働力として都市部に吸い上げられ、農村の過疎化、都市部における孤独と失望の問題が出てきました。この頃に創価学会が都市部の青壮年を対象に熾烈な折伏運動を展開してくるのです。創価学会の信者がめざましい勢いで増加したのに比べ、どの仏教宗派も手の打ちようがないような状態であったのが実態です。お東騒動の紛争解決を望む多くの僧侶や門信徒が、光紹新門の打開策を期待していました。にもかかわらず、光紹新門が紛争解決に乗り出せなかったのは、絶対の権力をもつ智子裏方が四男の明照院暢道を偏愛していたからであるといわれています。長い争いに終止符が打たれて、宗務総長を務めた五辻実誠は次のように述懐しています。

そもそも、今度の本願寺問題の根本は、教えの受け方の違いにある。宗祖の教えはあくまで、御同朋御同行。大谷家なるものが、大谷家であるがゆえに絶対というようなことはありません。どんな愚かな人でも宗祖の教えを聞いた人が先達なんだ。前の門首はある程度、それをわかっていた。しかし、お裏さんはわからないし、その子供たちもわからない。初めから、教える立場と教えを聞く立場は違う。法主・大谷家は、能化《のうけ》（人々を教え導く教法の伝承者）であり、門末は所化《しょけ》（教えを受け、導かれる人々）と思い込んでいた。徳川時代以来の封建教学で育った人たちも、何か大谷家を特別なもののように考えてきている。それを利用しようという連中が寄ってきたところに問題の根っこがある。財産争いなどといわれたが、決して、そんなものではない。先祖代々に伝わってきた宗門の財産を、妙な形で手放すわけにいかないというだけなんだ。……長い間に培った法主信仰というのはなかなかなくならない。長い間、門末を騙してきたんだから、ここまでの時間がかかっても仕方がない。京都と西陣と祇園には手をつけるなといわれてきた。要するに行政も大谷家には手を付けるなということだから……そういう考え方が、結局は大谷家をここまで落ちるところまで落とし追い詰めた。正常化はなったが、まだ問題にカタはついてはいない。これから、いよいよ宗祖本欄の教えに沿った宗門づくり、いわば本来化を進めなければならない。宗祖の教えと願いを、どうわかりやすく伝えるか、わが心の内なる大谷家をどうやって克服するか、これからの大きな課題です。

と。東本願寺は訓覇信雄という傑出した人物を得て、宗門の抜本的な改革を現代に実を結んだといえるでしょう。しかし、その後の教団の現実はどうなっているのであろうか。訓覇の掲げた理想が今に実現しているのであろうか。訓覇の推進した運動は高く評価できますが、本来的な課題を見失わない信仰運動として持続し、いつも新しい宗門の未来を切り開いているかどうか。訓覇自身は、利権目当ての第三者の介入を排除して、教団の内紛が改革派の勝利となった原動力を、清沢満之の浩々洞に始まる大谷派の大乗仏教運動の流れと、権力にも金力にも左右されずに近代化して近世をこえる信心のエネルギーに求めていました。「この運動は制度改革だけでは十分でないが、徳川時代に歪められたものを一つ本来のすがたにかえした」と訓覇は自負していますが、一方では、同朋会運動は地方が立ち上がる迎え水みたいなつもりで始めた。それにより目を覚まして地方が立ち上がり、地方の空気を無視して宗制の運営ができないというようなところまでもっていく、その時、宗門が一応本来へかえる。けれどもやっぱり中央は滞ってしまう。するとまた地方でそういう運動が起こり、内局も変わる。そういう繰り返しだ。だから、こういう運動は三十年や五十年で評価できるものではない。

とも語っています。訓覇は安心して後事を任せられる嶺藤亮という後継者を得て、晩年に情熱を燃やしたのは、親鸞の教えを伝える布教と次代を担う若い人材の育成でありました。そして、一九九八年七月二十六日に九十一歳で往生しました。通夜も葬儀も訓覇の自坊三重県三重郡の金蔵寺本堂で執り行われ、故人を慕う僧俗であふれていたといいます。

かたや西本願寺の動向はどうだったかを振り返ってみます。東本願寺のように、訓覇信雄のように、「今の教団が一般社会の悩みに対応できるようになる」ように奮起した僧が、どの時代にも見当たりません。また教団内のいろいろな問題は有耶無耶で終わって、教団改革といえるものはありませんでした。ただ明治維新後に、二十二歳の若さで本願寺二十一世法主なった明如の言動に注目すべきものがあります。明如宗主は聡明な理想をもった人物でした。江戸時代からさまざまな既得権益の上にあぐらをかいて、教団・宗政を牛耳っていた坊官・僧侶たちの堕落を糺そうとしていました。今の本願寺の宗門を再生させるには「東京移転」という荒療治しかないと考えました。これがこの時に実現しておれば、西本願寺にどんな変化があったでしょうか。いろんな人がよくいう「水がよどめば濁ってくる」の言葉のように、もはや京都での本願寺再生の道は不可能と考えていました。そして、京都から東京へ移転することを考え、東京という新天地に変わっても新たな利権を求めるものが出てくるであろうかとまで熟慮を重ねていたといいます。明如が考えていた西本願寺教団の再生の改革構想は、本山の東京移転だけでとどまっていません。そのほかに、①寺院を教会組織に変え、檀家の名称を廃止し、帰依自由とする。②家祖親鸞血脈の大谷戸主は永久に大谷祖廟の守真者（墓守）として存在すべきである。③本願寺管長、本願寺住職は正副の二人を置き、末寺僧侶の公選を以て存在すべきなどの十六項目の目標をめざしていたようです。どれ一つをとっても、旧来の寺院の在り方を根底から覆すような急進的な内容でありました。一つまちがえば本願寺の存立基盤さえ揺らぎかねない危険な目標であったといえるのですが、ここまで明如を決意させた悪弊が、西本願寺と全国の寺院に蔓延していたのです。宗主明如の片腕として改正事務局総理の座について、明如の改革案を推進したのは、維新の時に紀州藩の藩政改革を主導した北畠道龍でした。守旧派はこの改革案に「法主御謀叛」と言いながら猛反対し、本山には門信徒のムシロ旗が立つ騒ぎとなりました。このことに皇室筋からの干渉もあり、明如がめざした教団改革はあえなく挫折してしまいました。しかしながら、明如をここまで決意させた西本願寺のたまりたまった腐敗は、今の時代にも共通するところがあるように思います。長年に腐敗している既得権のとりあいは、いずれは「お東騒動」と同じようになる時が来る可能性が大いにあると思うのですが。西本願寺の教団改革の先鋒をきっていたのは北畠道龍でした。彼は陸奥宗光と親交があったので、この西本願寺の教団改革騒動は長州藩と反長州藩の確執があったとも伝えられています。

明治三十六年（一九〇三）に第二十二世本願寺住職を継いだのが鏡如宗主（大谷光瑞）です。光瑞宗主が生涯をかけて探求したテーマは仏教伝来の道をたどり、釈尊の心を尋ねることにありました。仏教文化の源流を解明すべく、大谷探検隊を組織し、二度にわたって西域での調査と探検をした大谷探検隊は、貴重な経典や考古遺物をもち帰り、仏教研究に大きな刺激を与えたと評価されています。この大谷探検隊の調査は植民地主義をとっていた当時の国策に合致していました。ですが、鏡如宗主の生涯をみれば、その功罪は相半ばしていると見るのが大方といえます。鏡如宗主は自らの事業に、公私の別なく湯水のように宗門の金をつぎこんでいたので、西本願寺の財政はゆき詰まってきていました。東本願寺とは違う意味で、乱脈が次々と表面化して疑獄事件まで引き起こしました。その責任を取って本願寺住職・管長・法主の座を去るのですが、後に『見真大師』（大乗社刊）を出版しています。ここで「本願寺は邪見天魔の巣窟」とまで言い放ち、また、「浄土真宗の実態は浄土偽宗という呼び名にふさわしい」

と自虐しています。この本から鏡如宗主の呻き声をきいてみましょう。

その法主と名づくる最上尊敬を受くる者、果たして、この教団の法主なるや……。その境界はすこぶる不明にして何人か、果たして尊敬せるものなりや、また、尊敬は何の点に及ぶものなりや、その任務はいかなる境界内にて行わるるや、さらに、分明ならず。

ここに光瑞の心の内が吐露されています。僧侶・門徒の代表である宗会議員の全員が愛山護法と口にしながら、門主を心の底から尊敬しているであろうか。宗政家といわれる宗会議員は、宗政に疎く生活に追われながら、ひたすら念仏する門徒こそが教団や旦那寺を底辺で支えていることに気付き感謝しているだろうか。「弟子一人ももたず候」と言った親鸞の生きざまを、宗祖に仰ぎながら、巨大化した本願寺教団はいろいろな矛盾を含んで歴史を刻んできているが、鏡如が身に染みた「邪見天魔の巣窟」の西本願寺は、少しは変わったであろうか。その実態は少しの変容はあれども体質はまったく変わっていないのではないだろうか。

今の日本政府をみていると自衛隊という軍隊を海外に派兵することは時間の問題で

ありましょう。およそ三千五百万人の人間が殺された第二次世界大戦に対して、西本願寺はどのような言動をとったのでしょうか。大谷光瑞は昭和四年九月号の『大乗』に、

大聖世尊の教を立つるや、慈悲忍辱を常道となすも、降魔折伏を権道《ごんどう》に示せり。大般涅槃経には末世の正法護持は持戒によらず、刀剣器仗《きじょう》を用ゆべきを遺訓せり。武を得ずば文を全うすることを得ず。今日潰々者流《かいかいしゃりゅう》（乱れた考えの持ち主）の漫《みだり》に平和を口にし、武備を怠らんとするや、淫楽に耽溺せんと欲する思想の発現にして、我、之に与《くみ》せざるなり。平和の毒は、人、是に罹るを知らず。

と唱え、さらに日本陸軍が満州において張作霖《ちょうさくりん》を爆殺した翌年の昭和四年、『大乗』九月号に、

大聖世尊の教を立つるや、慈悲忍辱を常道となすも、降魔折伏を権道に示せり。大般涅槃経には末世の正法護持は持戒ならず、刀剣器杖を用ゆるべきを遺訓せり。武を得ずば文を全うすることを得ず。潰々者流の漫に平和を口にし、武備を怠らんとするや、淫楽に耽溺せんとす欲する思想の発現にして、我、之に与せざるなり。……。

と発揚しています。そして、満州事変の起きる前年の昭和五年の『大乗』五月号に、

現代に不快なるものあり。党人、是なり。政党あるのみを知りて、帝国をしらず。何れの日か、
この党人を一掃する秋風の来るあらんや。

と主張してます。そして、日本の軍部が満州事変を引き起こした直後の昭和六年十月、大谷光瑞は『志那事変と国民の覚悟』を出版して、日本軍部の果断を賞賛し、

我々仏教徒は、涅槃経に示された仏陀の遺訓に従って、正義のために戦うべきだ。米国を恐れて逡巡するの、棺柩中《かんきゅうちゅう》（棺桶の中）より頭を出せる老朽瀕死の輩である。われわれが特に忠告したいのは、満蒙偏重に陥ることなく、権益擁護の行動は志那全土に及ぶべきだ。

と主張しています。そして、その後に、歴代の戦犯内閣の大東亜建設審議会委員と内閣顧問として侵略戦争を推進しました。

大谷光瑞の跡を継いだ第二十三世勝如はすぐれた統率力を発揮した門主といわれていますが、戦時中に大政翼賛会壮年団の京都市団長を務め、実際に戦地に赴いて多くの人を戦いに導き、侵略戦争に加担した人物です。まるで過去の石山戦争を鼓舞した顕如像とダブってきます。対戦の終戦後、そのため昭和二十二年（一九四七）十一月

に、ＧＨＱの公職追放に連座になっています。が、なんとか法主の座にとどまれました。ＧＨＱの風当たりは強かったといいます。宗門の組織の近代化をもとめるＧＨＱの強い意向を受けて、西本願寺の宗制改革が検討され実施されました。（このことは世間にあまり知られていないように思います）その結果、①管長制度を廃止、②法主の呼称を門主に変える、③門徒の宗政参加の道を開く、などと民主化を盛り込んだ宗門諸法規が制定されています。しかし、「くさいものには蓋をして、知らんぷりをする」という態度が、その後の西本願寺にみられるような気がします。戦時中に本願寺がどのように戦争にのまれ込み、率先して多くの門信徒を戦争の渦中に送り込んだ事への反省がいまだになされていません。本願寺はこのままうやむやのままでいいのでしょうか。東西本願寺は第二次大戦中、体制翼賛の戦時教学を著名な西の梅原真隆、東の山辺習学などが戦争を聖線と鼓吹して、門信徒たちを戦場に駆り立てました。いわば「人を殺せ」と駆り立てたのです。浄土真宗の教えを無理に曲げて、「阿弥陀如来の上に天皇がいる」といい、「親鸞聖人の教えより、国家権力が決めた法律が大事だ」と主張して、人を殺すことを進めた戦犯僧侶がなんと多いことでしょう。東西本願寺は全教団をあげて戦争協力に踏み出した歴史を反省することなく、今ではその体験を懐かしむ哀れさを呈しています。

宗法によれば「門主は本願寺の住職を兼ね法灯を伝承して教団を統一し、宗務を統裁する」とあります。一見すると、東本願寺の法主、西本願寺の門主とも宗制上の位置付けはかわりないようにみえるのですが、東本願寺の紛争が起きた時点で、東西本願寺が決定的に違うところがあります。東本願寺の場合、東本願寺住職・管長である法主が代表役員として対外的に代表権を行使するのに対して、西本願寺の場合は総長が代表役員であるという点です。こうであるから、西本願寺は門主が手形問題などのゴタゴタに巻き込まれても、その責めを負うことはあり得ません。西本願寺の門主は東本願寺の門首に比べて完全な象徴かというとそうでもありません。門主は「総局の申達によって宗務を行う」とされています。西本願寺派代表役員である総長も宗会で決まる。しかし、まったく自由な選挙ではなく、門主が二から三名の総長候補を指名し、宗会がその中から選挙する仕組みになっています。

戦後に西本願寺は宗門の民主化を求める機運が高まりました。尼崎の条周存《こえだしゅうぞん》が率いる改革派が宗政の主導権をにぎり、宗門近代化路線をひた走りました。宗教法人法の施行を目前にひかえた昭和二十六年（一九五二）、「大谷家を中心とした宗門運営こそ、本願寺の伝統」とする門主派が土壇場で必死の巻き返しをはかりました。そのときの裏取引に「宗教法人法の施行による規則改正には協力する。その代償として、門主に宗会での総長候補指名権を与える」という条件を門主派が示したそうです。当時の改革派総長は門主に総長の指名権を渡しても保革が対立する状態では、宗会で多数を占める会派の領袖《りょうしゅう》を総長に指名するのが常識であり、改革派の情勢はかわらないと踏みました。ところが、次期総長選で門主はなんと門主派二人を総長候補に指名したのです。どんなに多数派の領袖であっても、門主の意向に沿わなければ総長にはなれません。この選挙はそのことを印象付けたものでした。この政変に功労のあった門主派議員は、神田寛雄、豊原大潤たちの七人でした。その見返りに、彼らは次々と宗門の要職を占めるようになりました。これで宗政は安定したように思えたのですが、流れがよどめば腐敗が生じるのは世の常であります。昭和五十年（一九七五）に明るみにでた奈良教堂問題、これは奈良に西本願寺の教堂を建設するという計画にからんで、西本願寺を保証人とする冥加料証券なるものが発行されて多額の現金が動いた事件です。終戦から寺院も経済社会のなかで成長をとげてきて、今日ではまるで大きな構えの寺院が素晴らしく、そこの住職はほかと比べて格が上のように感じる風潮があります。また、大きな伽藍の寺院や収入の多い寺が、僧侶として優れているように錯覚している拝金主義の僧侶がなんと多いことでしょうか。ことあるごとに「お念仏を大切に」と言いながらも、その裏腹ではいつもお布施の額ばかりを気にしている僧侶が多くなってきました。お東騒動を通じて、「今の本願寺に求められているものは何か」を考えてみました。東西本願寺の本山の是正すべきことは多々ありますが、肝心な全国に散在している一般寺院の問題があります。「信仰が形骸化してマンネリ化している寺院の姿を見聞すると、本来の聞法の道場というのには程遠いものを感じます。葬式や法事にあくせくして、生活のためだけに寺院に住まいして教えを学んでいない寺族がどんなに多いことでしょうか。法主制を否定していますが、一般寺院のレベルではいまだに法主制が生きていると感じることがあります。それは各寺院は大谷家と同じように基本的に世襲制ですから、その体質は共通しています。一口に一般寺院といってもさまざまです。兼業で伝統の寺院をやっと息をついている寺院が多くある一方で、数多くの門信徒を抱え絶対的な権威と寺院運営の実権をもって、門徒の家の所在や顔を知らないで、ミニ法主みたいに門信徒に君臨している住職もいます。淋しく悲しいですが、東西本願寺の寺院住職が昔ながらの地位に固執して、古い体質を温存し続けるかぎりは、これからの寺院に誰も見向きをしなくなるでしょうね。

浄土真宗のお寺がよみがえるか。どうしたらイキイキとした寺院、教団に脱皮できるか、それは寺院に生を受けただけで寺院をもっているのでなく、「今の時代に何が大切なのか」と身のまわりの人々と共存し、共に悩み苦しみ、教えを求める僧侶になることが大切な生き方でないでしょうか。かつて一九九二年に中野孝次の『清貧の思想』が出版されました。私はこれを夢中で読みました。僧侶の理想とする清貧とはどのような生活をいうのでしょうか。拝金主義・金満主義を押し進めているような本願寺の今の姿に、どうしてもついていけそうにありません。先祖からお預かりしている門徒とともに生きている田舎住職は、この本で紹介している西行とか良寛のように虚飾を捨てて安らかな心を重んじ、身の丈にあった清楚な生活を旨としているような生き方を、多くの人がしています。中野孝次は、『徒然草』第三十八段を引用して、

名利《みょうり》に使《つか》はれて、閑《しづ》かなる暇《いとま》なく、一生を苦しむるこそ、愚《おろ》かなれ。財《たから》多ければ、身に守るにまどし。害を買《か》ひ、累《わづらひ》を招く媒《なかだち》なり。身の後《のち》には（死後は）、金《こがね》をして北斗を挂ふとも、人のためにぞわづらはるべき。愚かなる人の目をよろこばしむる楽しみ、またあぢきなし。大きなる車、肥えたる馬の飾りも、心あらん人は、うたて、愚かなりとぞ見るべき。金《こがね》は山に棄《す》てて、玉《たま》は淵《ふち》に投ぐべし。利に惑《まど》ふは、すぐれて愚かなる人なり。

という一段を紹介しています。心に響いてくる言葉です。兼好はここで金儲けのためにしか関心のない人の愚かさを説いていますが、現代の多くの僧侶に届けたい言葉で

す。彼はつづけて地位とか官位とか名声を求めて生きることの愚かさを説いています。さらに世間の評判を得るための知識とか学問を誇ることがいかに空しいかを説いています。そして最後に、

まことの人は、智もなく、徳もなく、功もなく、名もなし。誰か知り、誰か伝へん。これ、徳を隠し、愚を守るにはあらず、本《もと》より、賢愚《けんぐ》・得失《とくしつ》の境《さかひ》にをらざればなり。

と、人間は利権とか名声とか、そんなものに関わらない生き方をして、ただ自分の心の充実を求めることの大切さを伝えています。この言葉に触れて、僧侶たるものの生き方とはどうあるべきかをいまさらながら考えさせられます。本願寺が歴史に培ってきたものは、金持ちになることでもなく、人から偉いと言われるためではなかったはずです。最後に、『西行上人談抄』に、

昔、上人の言われしは、和歌つねに心澄む故に悪念なく、後世を思ふもその心進むと言はれき。此の事まことなり。

という一条があります。西行にとって和歌は何よりも心を、欲望から遠ざけ、いのち

そのものを感得するための手だてであったことがわかります。私たち浄土真宗の僧侶が西行の心をくみ取れば、念仏はわがいのちの行方を感得する道だと理解できます。それがお金大事に生きている私を叱咤します。本願寺の歴史をみていると、どこかで親鸞の生きた念仏の道を見失い、親鸞のよろこんだ人生から縁遠い権力とか名声にとらわれてきているようです。僧侶に必要ないものを大事にし執着して、それらを放下することを忘れて本来の道から外れてきてしまっているように思われて仕方ありません。ここらでゆっくりと見直すことがなければ、悲しいことですが、よく言われている必要とされない寺院になってしまうか、寺院の消滅が本当にやってくるような気がしています。

回想　訓覇信雄

ときおり視聴するNHKの「あの人にあいたい」という短い番組があります。故人をしのび、その人の事跡を紹介している番組です。私は訓覇信雄が命がけで教団改革に奔走していた時代に、ニュースや新聞を見聞きしていました。浄土真宗の僧侶で今までに想像もしていなかったような人で、不惜身命を絵に描いたような訓覇信雄に会うことがかなえば、「何のために本願寺は今まであったのか、浄土真宗の僧侶とはどんな生き方が望ましいのか」などを聞きたいと思っています。彼は「親鸞の血を引く大谷家に背く反逆僧と呼ばれながらも、〈親鸞にかえれ〉と叫び……「本願寺の一つや二つがなくなっても社会に何の影響もない」と言い放ち、本山本願寺と念仏者のあるべき姿を求めていた真摯な僧侶でした。こんなお坊さんがいたのです。そんな訓覇の足跡を記した『傑僧　訓覇信雄』（田原由紀雄・橋川惇編著）が書斎にありましたので、これを参照しながら訓覇の足跡を簡単に辿ってみてみます。

訓覇信雄は東本願寺の宗務総長になる前に、教団の現状に失望して、一九四八年一月十五日に同志とともに真人社を旗揚げしました。この旗揚げに、真宗仏教の本姿を見失い、因習と堕気の中に安易な逃避を求める限り、かかる課題を解きうるものでないことはいうまでもなく、民衆の同朋教団たる真生命を歪曲する形骸の衣をいさぎよくぬぎすてぬ限り、自滅の道を辿ることは歴史の必然である。

と宣言しています。現実から立ち上がる原動力として、浄土真宗の教法を据えなければならないという使命感が強く伝わってきます。なによりもこの宣言文から自己批判がにじみ出ているように思います。長い伝統といえば聞こえがいいですが、因習にとらわれ、社会の変化・社会の要望に対応できないで、「形だけの僧侶、名ばかりの門徒」という、形骸化と閉塞している教団を何とかしたいという自己批判の「悲嘆しつつ批判をする」という親鸞精神を反映しているようです。訓覇は大学時代に、曽我量深の自宅の勉強会に通いながら清沢満之の精神に触れて心をふるわせていました。そして高光大船という真の念仏者に出会って、仏教者としての気迫と情熱の灯をともされた人です。真人社は宗派を超えて仏教の革新をめざしていた結社であったのですが、教学を語り合い、高い理想を求めるには、どうしようにもできないような惨憺な現実の

教団がありました。一九四九年十一月十日号の『真人』誌の社説に、

今日われわれの深い悲しみは教団の喪失である。……寺院も宗団も挙げていかに経営するかが第一義とされている事実が教団の死の表白である。……教学が生きておるというところに教団の生命がある。生きた教学があるというところに教団の社会性がある。教学は教団が社会的存在としてちうる場所であるとともに、教団が社会的現実を負荷する場所である。教団が喪失したということと教学が枯死したということである。教学とは何か時代の苦悩を宗教的実存において負荷することである。時代の苦悩というところに教学の生命がある。

と述べています。訓覇が立ち上げた真人社の大きなテーマは、教学と教団組織との関わりに心が張りつめていました。そうしているうちに、「単に理想を語るだけではあきたらなく、宗政に真人社の理念を反映させねばならない」、そんな機運が急速に高まってきました。一九五〇年の宗議会員選挙で、訓覇はじめ真人社出身の議員三人が初当選して、当時の宗義会の改革派は六人からの出発でした。一九五一年一月の宗務総長選挙で保守派の分裂に乗じて、清沢満之の直弟子で在野の暁烏敏を宗務総長にさ

せるという離れ業を演じました。暁烏総長は念仏総長といわれ、

金を集める方法なんど聞くような人は信心がないのだ。四十間四面の大堂は念仏からわき出たものです。念仏がなくなったときは消えるのがあたりまえです。念仏がなくて金が集まらないときは潰れてきましょう。心配はいりません。

と、ことあるごとに念仏の大切さを説いていた人です。一九五六年四月に宮谷内局は「宗門白書」を出しました。長い間に異端視してきた清沢教学を、教団として公的に認知したという点で画期的な内容だったといわれます。その起草に中心的な役割を果たしたのが、教学局長であった訓覇でした。一九五六年の宗義会員選挙では真人社系の議員が四十人近く当選して、保守派と革新派は逆転して、訓覇らが教団運営の主導を担いました。親鸞聖人七百回大遠忌を務めた宮谷内局は一九六一年六月に辞任し、それに伴い宗義会満場一致で訓覇内局が成立しました。

訓覇は総長に就任すると「同朋の会運動」と名付た信仰運動を展開することを決意しました。それは宗祖親鸞の精神に立ち返って、檀家制度に寄りかかった宗門の在り

方を克服し、個人の自覚にもとづく真の宗教に脱皮させせようという教団の内部改革の運動でありました。この運動の具体的なものは、

(1) 特伝とよばれる本山から末寺への特別伝道。

(2) 末寺から本山への奉仕団派遣。

(3) 運動の担い手になった推進員認定研修。

の三本柱で推進されました。「同朋の会」の聞法の集まりを組織して、時代遅れの宗門を社会の課題に応える信仰の共同体に再生させせようと願ったのです。振り返れば暁烏総長は「念仏を中心とした生活」をモットーに宗門が停滞していることを打破すべく「同朋生活運動」を提唱しました。そして、親鸞聖人七百回大遠忌に開いた「同朋壮年大会」で、宮谷総長は「何よりもまず寺の総代さんたちが正しい信心に生きていただきたい」と訴えました。この時の様子をみていた訓覇は「これならいける」と思い、運動の開始を決意したといいます。宗門の改革に情熱を燃やした訓覇が、長年胸中に抱いてきた理想的な教団の姿を現実のものとしようと始めたのが「同朋会運動」

でありました。しかし、その準備期間は十分といえず、舞台裏の動きは慌ただしいものでした。訓覇が提唱する同朋会運動の理念は、一九六二年十二月号『真宗』の巻頭に、

真宗同朋会とは、純粋なる信仰運動である。それは従来単に門徒と称していただけのものが、心から親鸞聖人の教えによって信仰にめざめ、代々檀家と言っていただけのものが、全生活をあげて本願念仏の正信に立っていただくための運動である。その時、寺がほんとうの寺となり、寺の繁盛が一宗の繁盛となる。しかし、単に一寺、一宗の繁盛のためのものでは決してない。それは人類に捧げる教団である。世界中の人間の真の幸福を開かんとする運動である。

と言っています。同朋会運動は真人社の理念を宗政に反映させて実践しようというものです。ここで真人社は一応の使命を達成したといえるので解散をしました。宗門行政で信仰運動が展開されたのは、わが国の伝統仏教の教団では例のないことです。訓覇は当時のことを回想して、「どこにも手本などない。既成仏教教団が本当の意味のサンガを願い、宗門全体のこととして取り上げた例はどこにもない。僕らは信仰運動のためには教団が解体してもかまわんというくらいの気持ちだった」と語っています。

訓覇が教団改革を断行した昭和三十年代は、創価学会が激しい折伏を展開していた時でした。そして日本の人口は、農村から都市に流出し続けているという社会構造が大きく変化をしていた時でした。また、その隙間をねらう新興宗教が積極的な布教を展開していた時代でした。農村に基盤をおいている伝統仏教教団はそれらの折伏に手をこまねいて守勢の一方でした。訓覇の展開した同朋会運動の背景は、そうした社会状況を読み取っていくことが必要でありましょう。戦後の家族制度の崩壊により、伝統仏教教団はもろに打撃を受けました。伝統仏教教団は危機感にかられて教団改革を試みています。例えば西本願寺の門信徒会運動、知恩院のおてつぎ運動、日蓮宗の護法統一運動、天台宗の一隅を照らす運動などがあります。いずれの教団も寺離れの勢いがとまらない檀信徒を、何とか再組織化したいとやっきになっているといえました。ほとんどの教団運動は教団護持のためのものであったように思います。あるいは道徳運動が色濃いものであったと指摘できますが、東本願寺の同朋会運動はそれらの運動と少し異なっていました。東本願寺の同朋運動は財務第一と考えている教団のエゴこそ堕落の元凶とみて、自己批判の精神と高い理想主義という教団改革の際立った特徴がみられます。これは、清沢満之の白川党運動から真人社を経て、同朋会運動へと受け継がれた改革運動の精神ともいえるものでありましょうか。訓覇の率いる同朋会運動は因習の色が濃い宗門の在り方に疑問を持っていた青年僧侶たちに大きな反響をよびました。東西本願寺では、直系の血統によってのみ代々受け継がれる血脈相承の信仰が、連綿と受け継がれていました。それゆえに親鸞の血を引く生き仏として門末に君臨してきた法主の権威は絶大でした。同朋運動の開始に発行された『真宗同朋会―住職の手引き』（『真宗』一九六二年十二月）に、目指すところを説明して、

真宗同朋会とは、純粋なる信仰運動である。それは従来単に門徒と称していただけのものが、心から親鸞聖人の教えによって信仰にめざめ、代々檀家と言っていただけのものが、全生活をあげて本願念仏の正信に立っていただくための運動である。その時、寺がほんとうの寺となり、寺の繁盛が一宗の繁盛となる。しかし、単に一寺、一宗の繁盛のためのものでは決してない。それは「人類に捧げる教団」である。世界中の人間の真の幸福を開かんとする運動である。

とある。また、別の資料では、

一、この運動は、内には寺院教会を本来の姿に戻し、外には広く同信の人を結集して現代社会の要請に応えうる教団たらしめようとするものである。

一、農村は次第に都市化する傾向にあり、従来の家族制度は遂次崩壊しつつあるとき、社会の現状を直視して教団の使命たる信心を中心にした自覚的な運動を展開しようとするものである。

一、従来の示談関係の上に更に教法によるつながりを強くし、私有的または生活基盤的なまちがった考えの寺及び門徒を法の前の公の所に還し、もってより強固な関係にしようとするものである。

このような目標を掲げる同朋運動は、具体的に⑴特伝とよばれる本山から末寺への特別伝道、⑵本山への奉仕団派遣、⑶推進員認定研修という三本柱によって推進されています。

長い泥沼の戦いの末に改革派はこの同朋運動によって、大谷家という巨大な壁を突破したのです。同朋会運動によって、宗派と東本願寺の代表権を法主から宗務総長に移し、宗門のヒエラルキーの頂点にあって門末に君臨する法主から象徴門首制に移行させるという画期的な宗制改革に成功したのです。長い紛争を通して、「大谷家とは何なのか」「宗門とは何なのか」と、運動の担い手たちの問題意識は次第に深まってきていました。ともかくも長い間に懸案だった教団の制度改革を果たし得たのは、大谷家の非行に憤った僧俗のエネルギーが結集した結果といえるのですが、訓覇信雄の優れた指導力がなければ成し得なかったといえます。大谷暢顕門首の誕生で、名実ともに内紛にピリオドが打たれたのは平成八年（一九九六）です。これは、清沢満之が代議制の実現を求めて白川党の改革運動を始めた年からちょうど百年の歳月が流れた時にあたります。

余談　東西本願寺の仲

余談　㈠　東西本願寺の仲

江戸時代初期、西本願寺と東本願寺は対立し、お互い敵対するような関係となっていたといわれています。これは、当時の日本最大の集団であった浄土真宗の勢力を弱めるために、徳川家康の画策という側面があったともいわれています。が、その真偽は定かでありません。江戸時世後半になると両派の対立は和らぎ、現在では、浄土真宗の真宗十派で構成される「真宗教団連合」が結成されており、真宗各派の協調・連携を図るという目的で、両派間でも盛んに交流が行われているようです。ただし、融和や交流が続いているものの、長年受け継がれた西本願寺と東本願寺のお互いの対抗心は強いようで、強調しながらも一線を画して切磋琢磨しているという関係といえます。

余談　(二)　歴史的な和解？

現在、全国の西本願寺の寺院は、約一〇、五〇〇寺院、東本願寺の寺院は、約八、九〇〇寺院あります。そのうちの東本願寺の「慧光寺」（近松暢昭住職・大阪市平野区）と西本願寺の「顕証寺」（近松真定住職・大阪府八尾市）が、二〇二二年五月二十六日の「文化時報」に歴史的な和解をしたと記事しています。顕証寺と慧光寺は、蓮如の六男・蓮淳が十五世紀後半に開いた寺院です。本願寺が東西本願寺に分派した後、両寺は西本願寺側につきましたが、江戸時世中期に蓮如ゆかりの宝物などを巡る争いがあり、慧光寺は一六八〇年に半ば追い出されるような形で、東本願寺側に改派したそうです。以後、両寺は約三五〇年の間、交渉が途絶えていましたが、二〇一七年に慧光寺で親鸞聖人七五〇回大遠忌法要が営まれた際に、顕証寺が三四〇年前の出来事を謝罪しました。それ以後、両寺の交流が復活しています。その後、交流を続ける中、慧光寺に安置されている親鸞聖人と蓮如上人の遺骨が顕証寺にはないことがわかり、慧光寺からの提案によって顕証寺に分骨するということになりました。二〇二二年五月十九日、顕証寺で分骨式が行われました。慧光寺の真宗大谷派の僧侶が儀式を行った後、遺骨は顕証寺に受け渡されました。本願寺が一六〇二年に東西分派した後、西本願寺・東本願寺の両派の寺院間での分骨は史上初めてのことだといわれています。

終わりに

本書の脱稿時に、『高津正道の僧籍剥奪を問う』（法蔵館刊）を広島の友人からいただき、西本願寺と戦争の関わりについて多く知りました。そして、未だに変わっていない現在の西本願寺教団のすがたを嘆きます。高津正道は寺に生まれ住職となり、一度は教団の改革の思いを抱きながら、戦争する国家と一体となっている西本願寺教団・僧侶の現実に絶望をしました。それでも高津の生涯を振り返れば、心の底では親鸞を求め続け、親鸞の教えを現実に生きる支えとする宗教者の姿がみられます。つくづく思うのは、「今日の本願寺が、大義名分をつくりあげながら、戦争の残虐に深く加担していたか」ということ。戦後八十年経った今日において「口をつぐみ、戦争中に軍隊布教使を送っていたことへの反省がみられません。また、戦争で亡くなった人へ形だけのような追悼法要を繰り返しています。でも、戦争加担への激励に奔走した事実は忘れたように触れておらず、今さら平和の尊さを伝えていても、この言葉は心に響いてきません。戦争加担を鼓舞したことに目を背け、むしろ名誉と思っている人が現実にいる」のです。私が二十代のころ、今は故人の輪番が、「ご門主と一緒に戦地で戦っていた」と自慢げに語っていたことを、今でも忘れられません。

昭和六年（一九三一）に高津正道が『搾取に耽る人々』を著し、宗教教団のなかの本願寺教団の腐敗を明らかにしています。この中の「親鸞に背く本願寺」に、

①　親鸞は面白い遺言をした。「それがし閉眼せば加茂川にいれて魚に与ふべし」（『改邪鈔』）……しかるに、その子孫は親鸞の造った自像と称するものに、親鸞の屍骸を焼いた灰を塗りつけて御真影と呼び、その偶像を中心として本願寺という大なる堂塔伽藍を建立した。

②　第二の裏切りは、その子孫の奢侈的生活である。

③　第三の裏切りは、本願寺のつくれる煩雑な階級組織である。

④　第四の裏切りは、法主の世襲制度である。

と、旧態然として変わろうとしない本願寺の体質を「親鸞に背く本願寺」と指摘しま

した。そして、次に注目されるのは「本願寺の巨富と搾取戦術」の項目です。本願寺の巨富と搾取戦術には、次のようなものがあるとして、①永代経、②御染筆、③記念法会、④建築、本堂再建、修繕など、⑤絵像乃至名号の製造販売、⑥帰敬式、⑦御巡教、⑧団体参詣募集、⑨末寺への直接的課税、⑩堂班、⑪法主または新法主の結婚と葬儀、⑫還付金、⑬物品の寄付をあげています。これらは今も形を変えながら、今の本願寺の大きな収入となっていますが。今を生きる西本願寺に籍をおく念仏者は、これらのありようを考えてみませんか。

参考文献

森　龍吉　『本願寺　親鸞・蓮如から現代まで』　一九五九年　三一書房
上原専六　真継伸彦　『本願寺教団』　一九七一年　学芸書林
生田晃純　「苦悩する東本願寺　何を解体すべきか」　一九七一年　中央公論
丸山照雄　『教団とは何か』　一九七二年　伝統と現代社
高木宏夫　『人間性回復への道』　一九七七年　法蔵館

上之郷利昭『東本願寺の変』一九七九年　サイマル出版会
村岸基博「多彩な顔が見え隠れする事件」一九七九年　朝日ジャーナル
福嶋寛隆監修『戦時教学と真宗』一九八八年　永田文昌堂
佐々木恵璋編『日清交戦　法の光』一八九四年　興教書院
梅原正紀「最後の貴族　東西本願寺大谷一族に迫る象徴化の波」一九七九年　宝石
柏原祐泉『近代大谷派の教団』一九八六年　東本願寺
大西　修『戦時教学と浄土真宗』一九九五年　社会評論社
遠藤　誠『今のお寺に仏教はない』一九九五年　現代書館
田原由紀雄『傑僧　訓覇信雄』一九九九年　白馬社
田原由紀雄『祖師に背いた教団』一九九七年　白馬社

著者紹介
鎌田宗雲（かまだ　そううん）
1949年岡山県に生まれる
浄土真宗本願寺派報恩寺住職
著書　『御文章解説』『御文章の豆知識』『蓮如上人』
『蓮如上人に学ぶ』『蓮如上人と御文章』『蓮如さま』
『末代無智の章』『あの御文章をもっと知るための本』
『阿弥陀仏と浄土の理解』『阿弥陀仏と浄土の証明』
『御伝鈔講讃』『親鸞の生涯と教え』『親鸞入門』
『親鸞の教え』『仏事と本願寺の話』『本願寺の故実』
『別冊太陽　親鸞』（共著）『真宗伝道の教材』
『みんなの法話』（共著）『命をよぶ声』
『月々のことば』（2003年、共著）
『月々のことば』（2012年、共著）
『幸せの鍵《かぎ》』『二度とない人生だから』
『七高僧と親鸞』『法味随想　一滴《ひとしずく》』『「御絵伝」の絵解き』
『親鸞伝と本願寺俯瞰　東西本願寺のちがい』など
住所　〒529-1213　滋賀県愛知郡愛荘町沖271

東西本願寺120のちがい

令和7年（2025年）2月1日　第1刷発行

著　者　鎌田宗雲
発行者　永田唯人
印刷所　㈱図書印刷同朋舎
製本所　㈱吉田三誠堂
創業慶長年間
発行所　永田文昌堂
京都市下京区花屋町通西洞院西入
電話　075(371)6651番
FAX　075(351)9031番

ISBN978-4-8162-6271-5　C1015